# 新围棋阶梯培训教程

## （段位篇）

苏　旷　张笑龑　编著

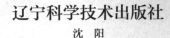

辽宁科学技术出版社

沈　阳

**图书在版编目（CIP）数据**

新围棋阶梯培训教程. 段位篇 / 苏旷，张笑龑编著. —沈
阳：辽宁科学技术出版社，2023.6
ISBN 978-7-5591-3014-3

Ⅰ. ①新… Ⅱ. ①苏… ②张… Ⅲ. ①围棋—教
材 Ⅳ. ①G891.3

中国国家版本馆CIP数据核字（2023）第089815号

出版发行：辽宁科学技术出版社
　　　　　（地址：沈阳市和平区十一纬路25号　邮编：110003）
印　刷　者：辽宁新华印务有限公司
经　销　者：各地新华书店
幅面尺寸：170mm×240mm
印　　张：11.75
字　　数：200千字
印　　数：1~4 000
出版时间：2023年6月第1版
印刷时间：2023年6月第1次印刷
责任编辑：于天文
封面设计：潘国文
版式设计：颖　溢
责任校对：尹　昭　王春茹

书　　号：ISBN 978-7-5591-3014-3
定　　价：48.00元

联系电话：024-23284740
邮购热线：024-23284502
E-mail:mozi4888@126.com
http://www.lnkj.com.cn

序言

　　围棋历史悠久，源远流长。它是一种有胜负的游戏，其教育功能也被越来越多的人接受和认可。它对学习者的思维习惯、观察能力、计算能力、判断能力和心理素质的养成，有着重要的意义。

　　当前，围棋教学图书种类繁多，但能帮助爱好者们从入门到成为业余高手的阶梯式教学图书，寥若晨星。

　　本书编者从学习围棋到从事围棋教学工作已有20余年，具有扎实的围棋理论功底和丰富的实战教学经验，对于一名普通围棋爱好者从初级到中级、段位、高级各时期所应掌握的知识点驾轻就熟，了然于胸。编者结合多年的悉心教学与苦心钻研，总结出了这套阶梯式围棋教程。新围棋阶梯培训教程包括4册，分别是：入门篇、初级篇、段位篇、高级篇。

　　·入门篇适合零基础到5级读者阅读，内容包括入门基础知识，基本围棋技术，配练习题和答案（分析讲解）。

　　·初级篇适合5级到1段读者阅读，内容包括基本定式，围棋术语导入技术讲解，官子基础，数地和初步大局观概念，配练习题和答案。

　　·段位篇适合1段到3段读者阅读，内容包括常用定式，布局分析，中盘手筋应用（战术常型），初级官子等。

　　·高级篇适合3段以上读者阅读，内容包括定式之后变化（打入与攻防）演练，对局思路，中级官子等。

　　希望可以帮助广大围棋爱好者在各个阶段都可以更为系统地了解、学习、掌握围棋知识，探索围棋中的奥妙，在浩瀚的棋海中纹枰论道，快乐博弈！

# 目录

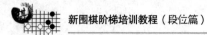新围棋阶梯培训教程（段位篇）

# 第一章 定式

定式，指布局阶段双方在角部，有时也会发展至边上的争夺，按照正确的次序行棋，最终形成两分或者双方都可以接受的棋形。但是在实战对局中我们要做的并不只是单纯地把定式背下来，在选择定式之前，还要先观察自身棋子的配合，再根据配合去选择最适合自己的定式。

## 第一节 星位定式、飞与托

无忧角，是围棋中著名的守角下法，因为棋形厚势，所以被称为无忧角，无忧角也是围棋爱好者们最喜爱的守角方式之一。但是有无忧之称，也并不代表就完全没有任何手段，有时虽然不能直接将其角上实地抢夺，但是若周围有理想的棋子配合，打入的手段也还是存在的。

**图1** 基本定式，至白6局部定型，双方均可接受。

**图2** 基本定式，与图1定式相比黑棋实地更多一些，但是会落下一个后手，基本两分。

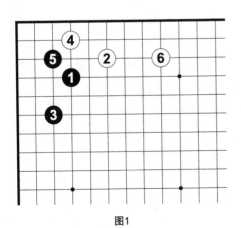

图1

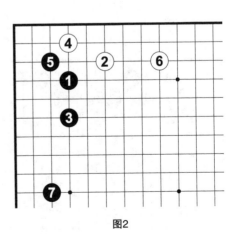

图2

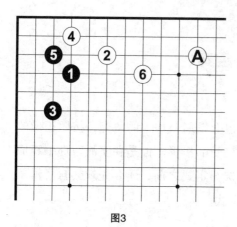

图3

**图3** 在白棋A位有子配合的情况下，白6在高位小飞是不错的选择。

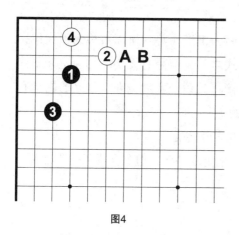

图4

**图4** 白4小飞为基本定式下法，接下来，黑棋除了小尖守角还有多种选择，例如A位碰与B位反夹。

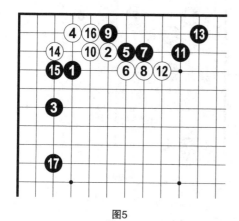

图5

**图5** 基本定式，至黑17拆二定型，基本两分。

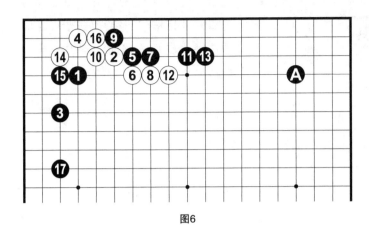

图6

**图6** 在黑棋A位有子配合的情况下，黑13也可以选择并住提高子效。

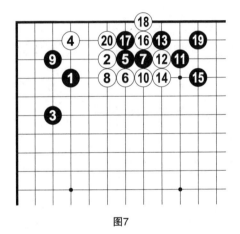

图7

**图7** 面对黑5碰，白6、8扳后粘住是老定式下法，至白20定型，基本两分。

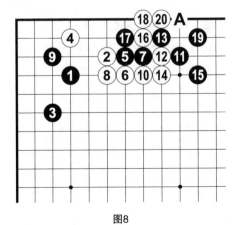

图8

**图8** 白20拐打不好，期待黑棋粘成愚形，但黑棋可以暂且脱先，将来A位随时保留开劫的手段，白棋无疑是给自己安上了一颗定时炸弹。

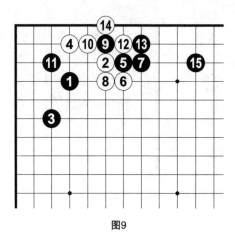

图9

图9　白8粘时，黑9扳后守角也是一种选择，白12、14简明吃掉一子，至黑15定型，白棋可以满意。

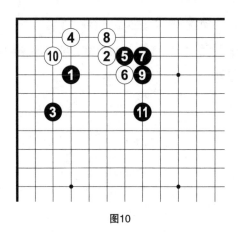

图10

图10　黑7长，白8立是老定式下法，至黑11跳，简明定型，基本两分。

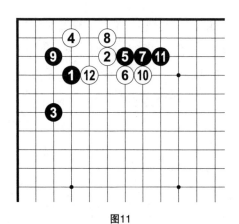

图11

图11　白8立时，黑9小尖守角也是一种下法，白10压后在12位虎住，局部暂时告一段落，均可接受。

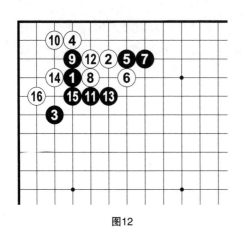

图12

图12　场合下法，黑7长时，白8虎顶也是一种选择，至白16小尖定型，双方均可接受。

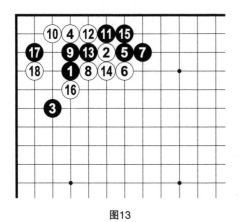

图13

图13　白10长时，黑11、13直接扳断显然无理，至白18靠，黑棋崩溃。

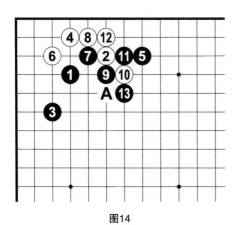

图14

图14　基本定式，黑5反夹也是较为常见的下法，至黑13征吃一子，白棋获得实地，黑棋获得外势，基本两分。若黑棋征子不利，也可在A位单长。

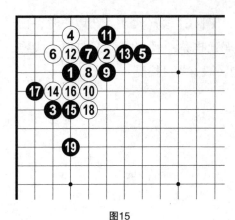

图15

**图15** 场合下法，黑7尖顶时，白8反挤也是一种选择，至黑19定型，双方可下。

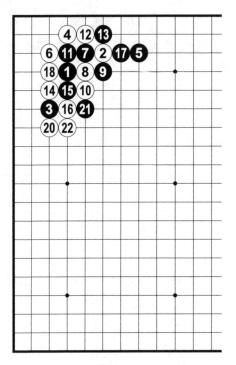

图16

**图16** 黑11粘住贪小，白12爬后在14位夹是好棋，至白22定型，黑棋实地损失惨重，白棋大好。

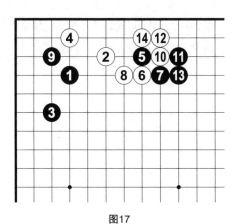

图17

图17 场合下法，在黑棋外势配合理想的情况下，白6也可以考虑靠压出头定型，局部黑棋满意。

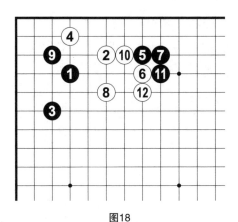

图18

图18 场合定型。

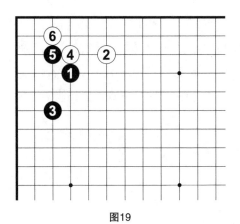

图19

图19 白4托是目前比较常见的定式选择。

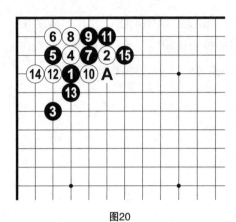

图20

图20　基本定式，至黑15定型，白棋将来留有A位粘的后续手段，基本两分。

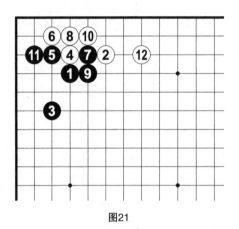

图21

图21　基本定式，黑9粘也是常见的定式下法，至白12跳，局部定型，局部两分。

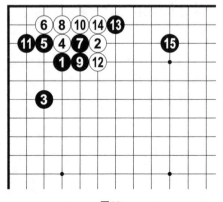

图22

图22　黑棋理想图，黑11立时，白12贴也是一种选择，接着黑13点期待白棋老老实实地粘住补棋，若白14粘，整体眼位并不完整，黑棋满意。

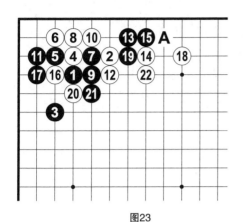

图23

图23　保留变化，黑13点时，白14跳是正确下法，黑15爬，白16断是试应手，黑17拐打是本手，白18跳封锁黑棋，黑19冲，白20反打是好次序，黑21拐出后，白22再退一个封住黑棋，双方可下。接下来，黑棋可以选择脱先争取先手，以后A位留有长出的手段。

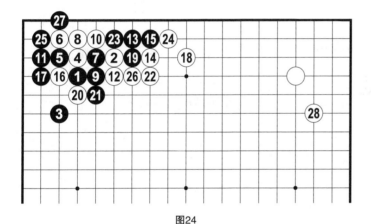

图24

图24　后续变化，若黑23断，白24可以简明弃子争先，白棋满意。

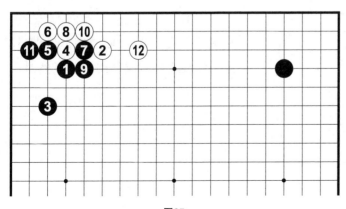

图25

图25　配合不佳，白12跳也可以简明定型，基本两分。

9

# 第二节　星位一间夹、二间夹

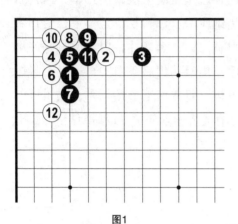

图1

**图1**　基本定式，黑1星位。白2小飞挂角，黑3一间低夹是常见的定式选择。

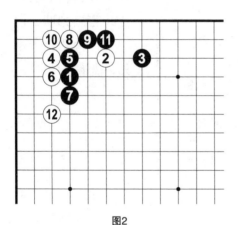

图2

**图2**　基本定式，黑11爬也是不错的下法，虽然把棋子摆在了二路，但防止了白棋以后贴下去的手段。

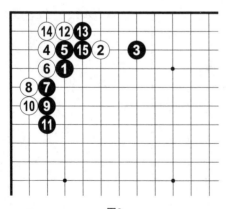

图3

**图3**　白棋受骗，白6爬时，黑7扳是骗着下法，若白8随手底扳，黑9长至15粘住将白棋整体封锁，显然黑棋好。

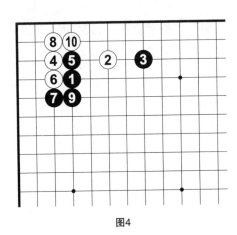

图4

图4 破解下法，面对黑7扳的骗着，白8单立下是正确的破解手段，黑9只好粘住，白10拐渡过，白棋好。

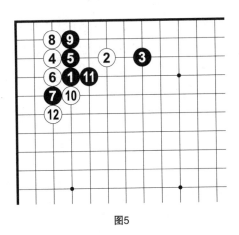

图5

图5 后续变化，白8立下，若黑9硬挡，白10断严厉，黑棋大亏。

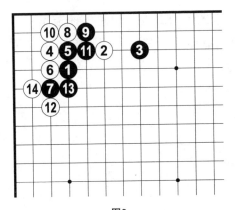

图6

图6 面对黑棋7位扳的骗着，白8、10扳粘也是一种选择，黑9、11挡粘，白12夹是出头的好棋，黑13只好粘住，白14渡过，黑棋7位一子变成俗手，白棋好。

11

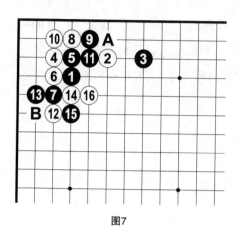

图7

图7　黑棋崩溃，白12夹时，若黑13强行立下，白14断后至白16位长出后，A、B两点见合，白棋必得其一，黑棋崩溃。

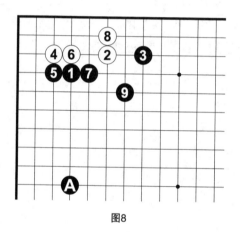

图8

图8　场合定式，黑棋在A位有子配合的情况下，黑5也可以选择挡在左边，至黑9飞，局部定型，基本两分。

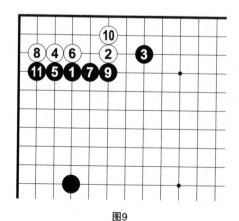

图9

图9　白8立下也是一种选择，黑9、11压完挡住，局部定型，基本两分。

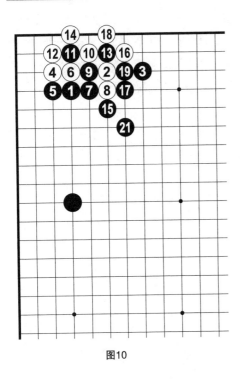

图10

**图10**　黑7长时，白8冲也是一种选择，黑11先断角至15位扳是正确次序，白16打吃本手，黑17反打封锁至21，局部定型，基本两分。

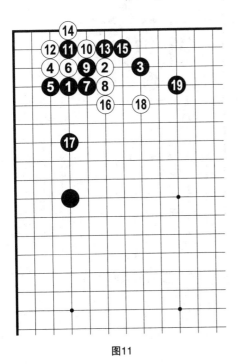

图11

**图11**　白14提掉时，黑15长也是一种选择，白16长出，至黑19飞形成战斗，双方可下。

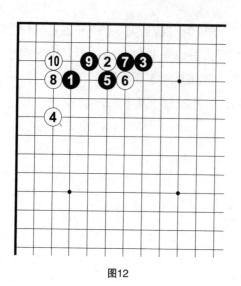

图12

**图12**　基本定式，黑3一间低夹时，白4双飞燕也是常见的定式下法，至白10长角，局部定型，基本两分。

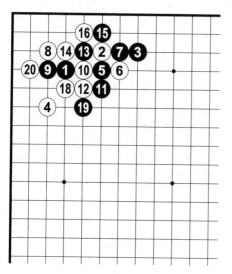

图13

**图13**　黑5压时，若白8点三三，黑9可挡断形成转换，至白20打吃，局部白棋收获不大，黑棋先手取得外势，黑棋满意。

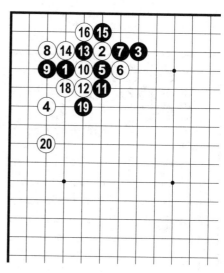

图14

**图14**　与上图大同小异。

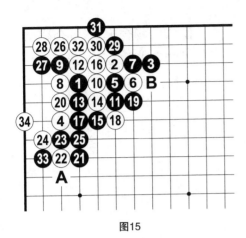

图15

图15 场合下法，白8托角时，黑9扳也是一种选择，白10、12挖后断打，黑15、17挡后粘住至白34虎，黑棋弃子取势，将来A、B两点可根据自身配合选择补在更有利的一边，双方可下。

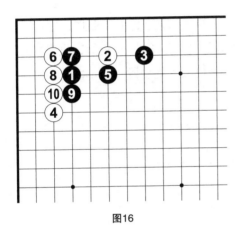

图16

图16 简明定型。

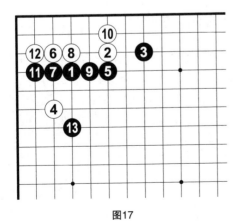

图17

图17 基本定式。

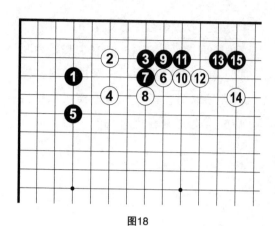

图18

**图18** 场合定式，白4跳也是常见的定式下法，至黑15并，局部定型，基本两分。

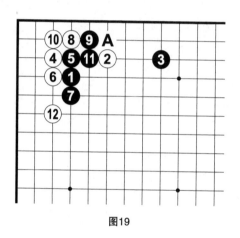

图19

**图19** 星位、小飞低挂，二间低基本定式。与图1定式相似，将来白棋留有A位贴下的手段，基本两分。

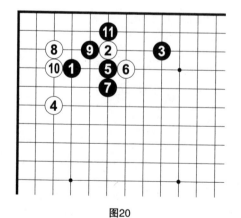

图20

**图20** 基本定式。

## 第三节 小目托退定式

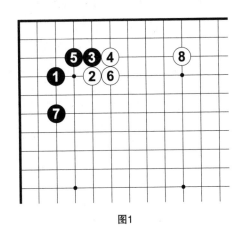

图1

图1 基本定式。

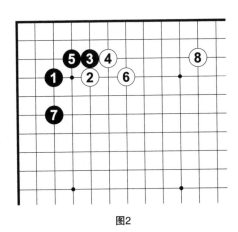

图2

图2 基本定式。

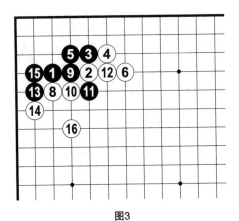

图3

图3 黑棋（黑7）脱先，白8靠压是常见的后续手段，若黑9团出战斗，白10挡住至16位跳，简明定型，黑棋无趣。

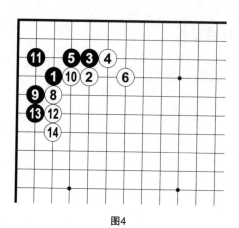

图4

**图4**　白8靠下，黑9底扳是正确应法，至白14定型，基本两分。

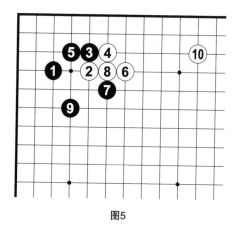

图5

**图5**　场合定式。

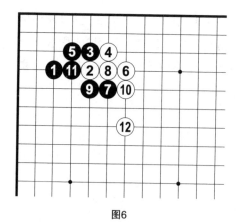

图6

**图6**　黑9贴略俗，白10、12拐后跳出，黑棋无趣。

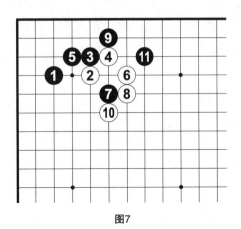

图7

图7　黑7点时，白8也可以贴起来，至黑11定型，基本两分。

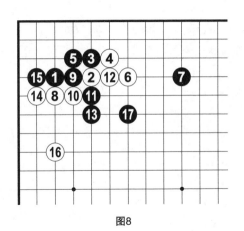

图8

图8　场合下法，白6虎时，黑7反夹也是一种下法，白8靠下强硬，黑9、11团断至17位跳形成战斗。

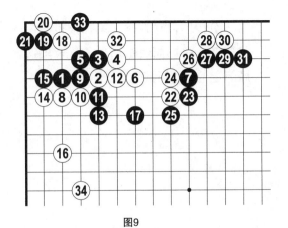

图9

图9　后续变化，黑17跳，白18、20点扳先手留下借用，黑21立，白22飞至30爬就地做活，至白34飞，局部暂时告一段落，双方均可接受。

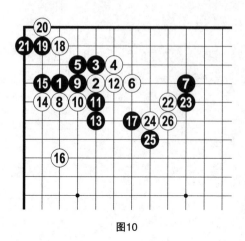

图10

图10　白24、26愚形出头，白棋被动。

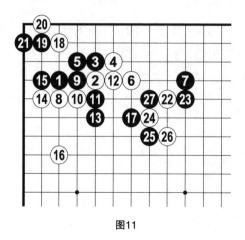

图11

图11　白26随手，黑27断打，白棋崩溃。

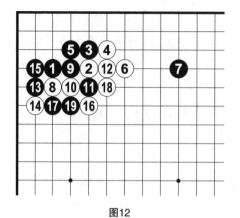

图12

图12　白12粘时，黑13扳也是一种选择，白16简明吃掉一子，至黑19局部定型，均可接受。

## 第四节　基本雪崩

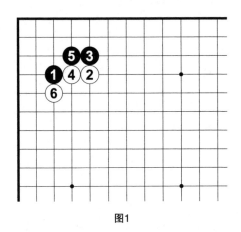

图1

图1　雪崩定式。

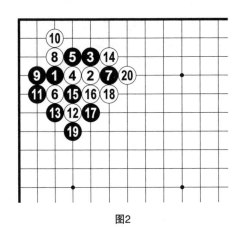

图2

图2　小雪崩变化，至白20局部定型，早期大家对这个变化的认知是两分，之后慢慢觉得白棋作为挂角的一方获取的实地比黑棋还要多，所以现在判断结论为局部白棋好。

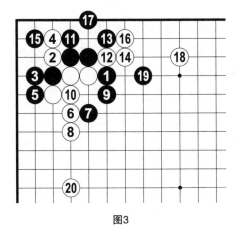

图3

图3　定式，黑7靠也是小雪崩变化中的常见下法，至白20跳，基本两分。

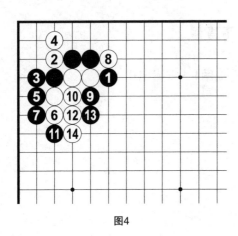

图4

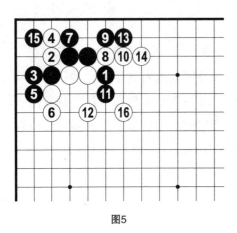

图5

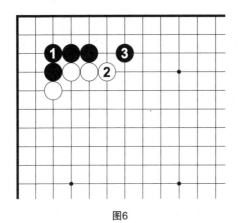

图6

**图4** 征子变化，白6长在征子成立的情况下可以选择。

**图5** 基本定型，白棋在征子成立的情况下，白6长要更好一些，至白16，局部定型，白棋稍好。

**图6** 妥协，黑1粘也是一种选择，白2长正着，黑3跳简明定型，白棋稍好。

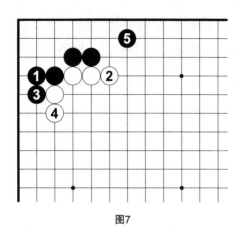

图7

**图7** 简明定式，黑1立也是比较简明的一种选择，至黑5小飞，基本两分。

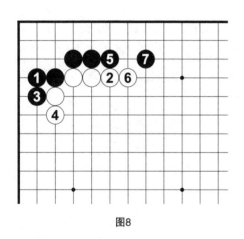

图8

**图8** 黑5多爬一手也是一种下法，白6长，黑7跳出，基本两分。

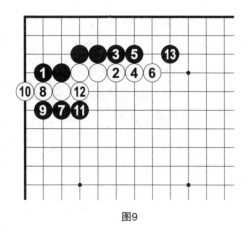

图9

**图9** 场合下法，黑7夹至黑11长先手获取一排配合，在配合有利的情况下也是可以考虑的一种下法。

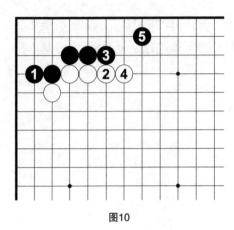

图10

图10　保留变化，黑3、5爬后简明小飞定型，将来边上保留夹等手段，基本两分。

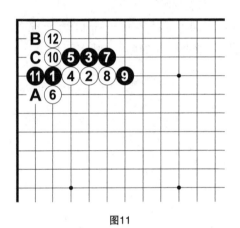

图11

图11　大雪崩，黑7长，白8压，黑9扳住三子头，形成大雪崩定式基本结构。白10、12断打下立是大雪崩定式的常规下法，接下来A、B、C三个选点都是黑棋的常见选择。

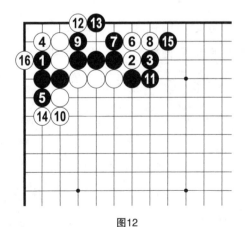

图12

图12　基本定式，黑1里拐，白2、4先断之后再拐角是正确次序，黑5拐出本手，白6立下形成对杀，黑7、9挡虎延气，白10长，黑11粘，白12扳细腻，至白16形成转换，基本两分。

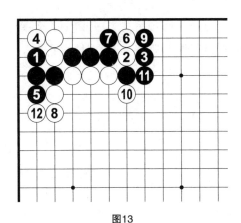

图13

**图13** 黑棋吃亏，白8长是场合下法，若黑9直接吃掉上边两子，白10打吃先手便宜，至白12形成转换，显然白棋好。

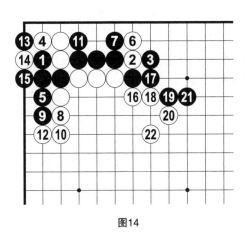

图14

**图14** 形成转换，白8长是场合下法，黑9爬延气，白10长，黑11贴吃角，白12拐至22虎局部定型，黑棋获得实地，白棋获得外势，双方均可接受。

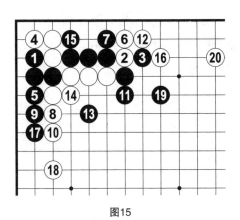

图15

**图15** 战斗，白10长时，黑11长出也是一种选择，白12拐，黑13点方是棋形要点，白14粘本手，黑15贴吃角，白16打出，黑17爬先手延气至白20拆二，形成战斗，双方可下。

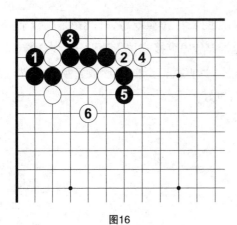

图16

**图16** 简单下法，白2断时，若黑棋不想下得太复杂，黑3直接吃角也是一种非常简明的下法，至白6跳，基本两分。

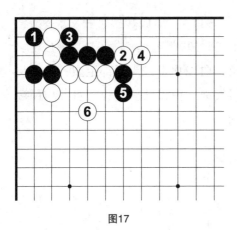

图17

**图17** 基本定式，黑1托，白2断，黑3简明吃角，至白6小跳，还原图16变化，基本两分。

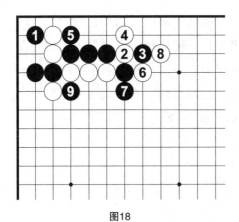

图18

**图18** 白棋上当，黑3打骗着，若白4随手下立，黑5挡吃角，白棋左右为难，至黑9断，白棋亏。

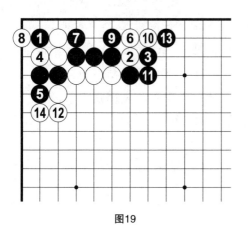

图19

图19　正确破解，面对黑3打，白4冲是正确的破解手段，至白14形成转换，与图12定式相比黑棋角上实地损失明显，白棋好。

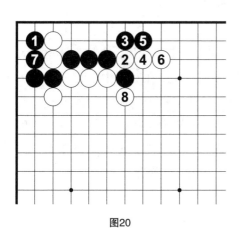

图20

图20　黑3、5打吃爬是俗手，至白8打吃掉黑棋一子，白棋满意。

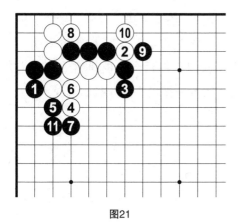

图21

图21　老定式，黑1外拐，白2断，黑3长，白4虎，黑5、7打吃连扳，简明弃子，白8拐吃是本手，黑9打吃，先手便宜，白10立，黑11粘，局部定型，基本两分。

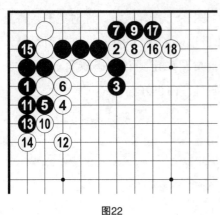

图22

**图22** 获得实地，白6粘时，黑7底打也是一种选择，白8长，黑9爬延气，白10打吃，黑11粘本手，白12、14虎挡封锁黑棋，黑15拐吃角，至白18长，双方可下。

# 第五节　小目一间低夹、高夹

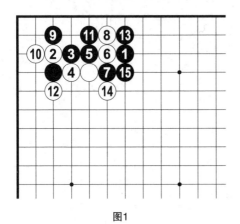

图1

**图1** 定式变化，小目高挂角，一间低夹，这是在对局中十分常见的下法，早期这样的下法被归为定式，不过后来慢慢觉得黑棋局部落下一个后手稍微有些不满，也因此研究出了许多新定式、新变化。

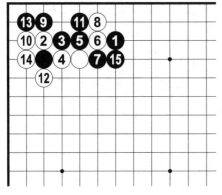

图2

**图2** 场合下法，黑棋直接先手抢角空，然后补在高位，局部效率明显提高，但是以后会给白棋留下一些借用，需要根据周围配合判断选择。

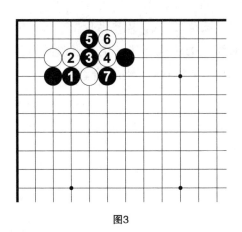

图3

图3 白棋被骗、黑棋顶断是骗着下法，白4、6是明显的随手棋，至黑7断，白棋崩溃。

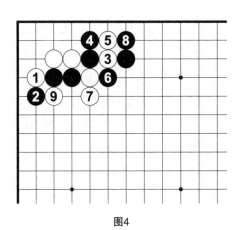

图4

图4 正确下法，白棋第1手棋二路扳是非常重要的一手，黑2如果随手挡住，至白9定型就会发现当初二路扳一子的重要性。

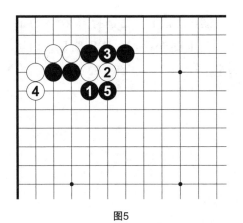

图5

图5 征子有利，黑棋的骗着在被白棋成功破解之后，放弃封锁白棋，黑1、3打粘是降低局部损失的下法，至黑5如果征子能够吃掉白棋，黑棋勉强还能撑住，不过白棋以后局部借用和引征的手段都是黑棋的隐患。

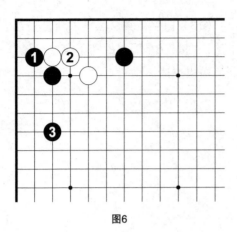

图6

图6 定式，黑棋低扳后拆二是相对流行的定式下法，接下来白棋的选择也需要注意到全局配合。

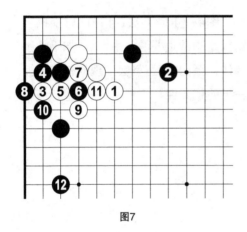

图7

图7 早期定式变化，白棋小尖后透点是黑棋拆二留下的弱点，面对白棋严厉的手段，黑8一路扳过是一手冷静的好棋，至黑12局部定型，白棋虽然看似主动，但当初小尖一手棋的位置明显不太理想，黑棋稍好。

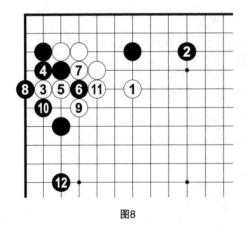

图8

图8 白1小飞是提高效率的下法，与上图变化相比区别明显，白棋满意。

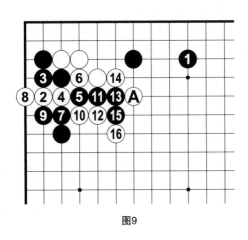

图9

图9　征子问题，面对白棋A位飞，黑棋如果征子成立可以选择直接单拆二，这样白棋二路透点的手段也就无法再威胁到黑棋，所以白棋在选择A位飞的定式之前，也一定要看清楚征子配合。

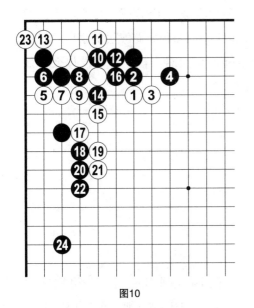

图10

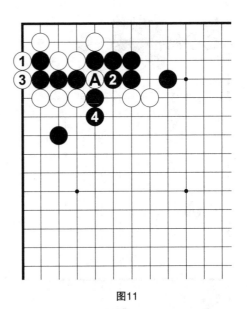

图11

图10　基本定式，至黑24定型，基本两分。

图11　白棋贪小，继续图8中的变化，黑棋在A位断打后，如果白棋选择在一路滚打包收，黑棋大可以弃掉四颗子获取外势，白棋看似吃掉了四颗子心情愉悦，但是四子的价值明显没有黑棋外势的价值高，并且白棋局部还落下了一个后手，显然黑棋好。

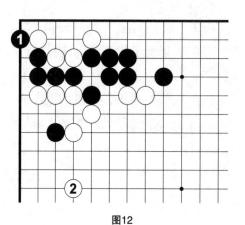

图12

图12　场合下法，黑棋获取实地，白棋获得外势。

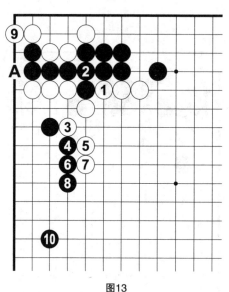

图13

图13　白1打吃与黑2粘的交换至定型后看似与图8定式没什么区别，但是以后少了A位一路渡过的手段，显然这样的交换对白棋而言是没什么好处的。

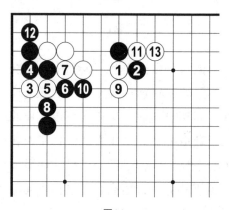

图14

图14　基本定式，白棋靠压也是定式下法中的一种，至白13定型，局部黑棋实空略好一点，白棋整体棋形相对舒畅一些，双方都可以满意，在白棋征子不利时就可以选择这种下法。

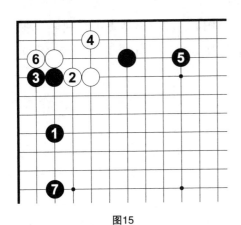

图15

图**15** 基本定式，面对白棋托角，黑棋单拆二是比较简明的选择，至黑7局部定型。

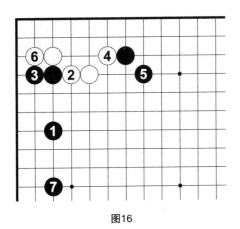

图16

图**16** 基本定型，白2、4尖顶挡角也是一种常用的定型下法，黑5小尖是巧妙的一手。

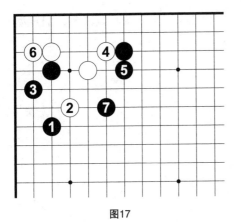

图17

图**17** 白2小飞，是面对黑棋单拆二的轻灵应对手段，至黑7局部告一段落，局部双方均可接受。

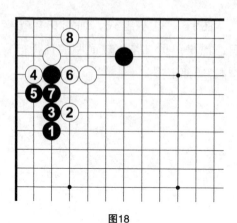

图18

图18　黑3爬是缓手，白4、6扳打次序舒服，至白8虎定型，局部白棋好。

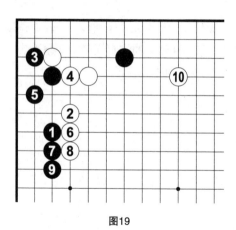

图19

图19　黑3扳是面对白2小飞的另一种选择，至白10局部暂时定型保留战斗，双方均可下。

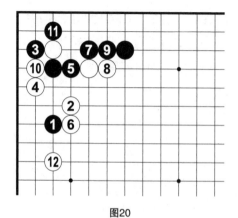

图20

图20　白4小飞形成转换，旧定型变化。

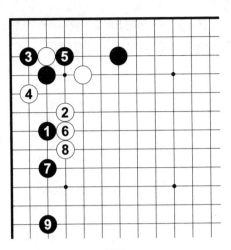

图21

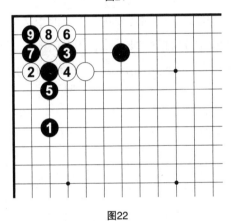

图22

图23

**图21** 面对白4小飞下法，黑5单打相对简明，至黑9定型，局部可视作两分。

**图22** 白2扳弱点明显，黑3反扳严厉，至黑9定型，白棋不满。

**图23** 白4反打，黑7、9简明，至黑19定型，依然是黑棋满意。

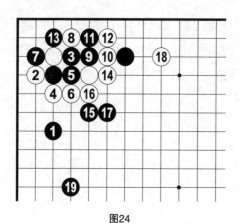

图24

**图24** 白8反打看似巧妙，实则差别不大，至黑19定型，黑棋稍好。

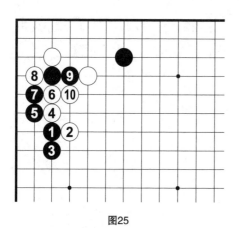

图25

**图25** 面对黑棋单拆二，白2碰也是可以考虑的一种下法，黑3若单长，让白4、6扳顶吃掉黑棋，显然白棋好。

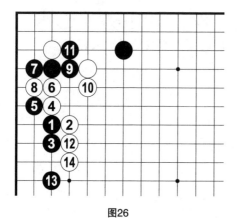

图26

**图26** 黑7下立，虽可救活角上一子，但被冲断后，依然是白棋稍好。

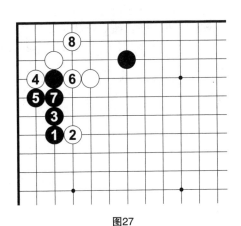

图27

**图27** 与图17大同小异，显然白棋好。

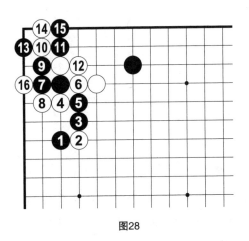

图28

**图28** 黑3反扳不利，至白16角部形成大头鬼，黑棋崩溃。

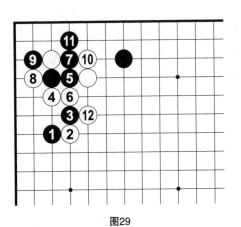

图29

**图29** 黑5顶虽可活角，但白10、12弃子取势依然不错。

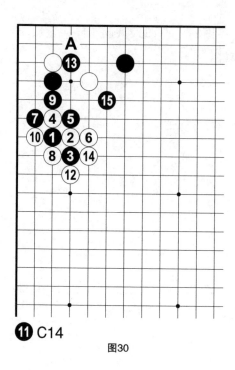

图30

**图30** 面对白2碰，黑3反扳是较为积极的反击手段，白4、6反扳进行转换，局部黑棋实地明显占优，不过白棋也留有A位的后续手段，也可接受。

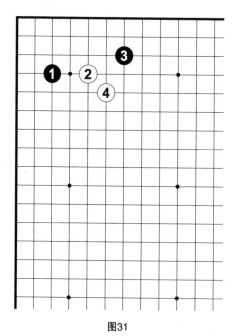

图31

**图31** 场合定式，白4小尖出头是一种非常厚实的下法，围棋中也有"棋逢难处小尖尖"的谚语，小尖的棋形本身厚实不易分断，和图6托一个的变化相比，实地价值要略差一些，但是可以有效地将局部简明化，在优势局面下小尖不失为一种不错的选择。

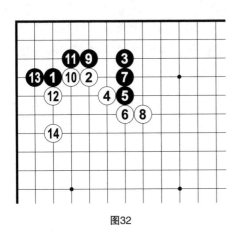

图32

图32 场合下法。

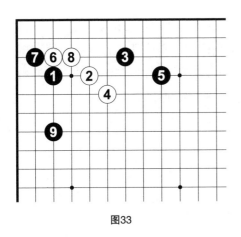

图33

图33 黑5拆二是本手,白6、8托退便会还原图7变化,白棋不满。

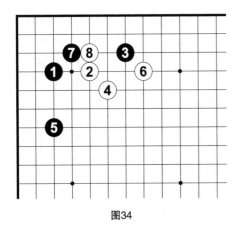

图34

图34 面对黑5拆二,白6飞压是简明且轻灵的选择,至白8定型,基本两分。

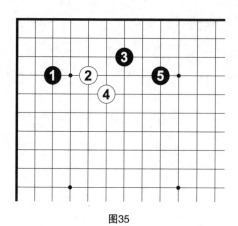

图35

图35　黑棋小飞方向有些奇怪，往往下棋时遇到这样觉得奇怪的棋就要谨慎起来。

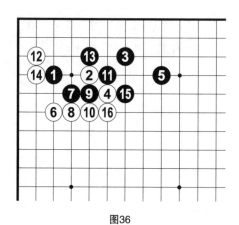

图36

图36　面对黑5位小飞，白6反夹是好棋，黑7穿象眼虽然可以吃掉白棋一颗子，但是角上实地几乎全部被白棋抢走，黑棋不好。

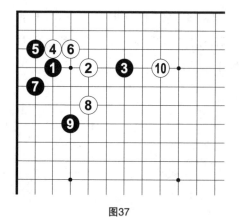

图37

图37　基本定式，至白10夹攻，形成战斗局面。

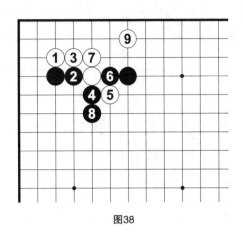

图38

图38 面对白1托角，若黑2、4俗手顶扳，白5可连扳给黑棋制造弱点，至白9小飞定型，局部白棋好。

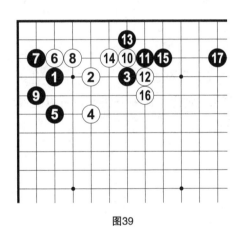

图39

图39 老定式，面对黑3一间高夹，白4小跳也是一种选择，黑5陪着白棋小跳一手略缓，后续白10、12托断简明吃掉一子，至黑17拆二定型，白棋稍好。

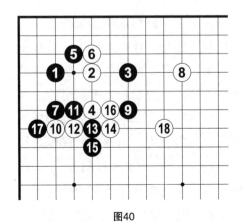

图40

图40 新下法，黑5先手小尖抢占角上实地，白6、8挡下夹攻战斗，至白18形成转换，局部暂时告一段落，基本两分。

# 第六节　基本妖刀定式

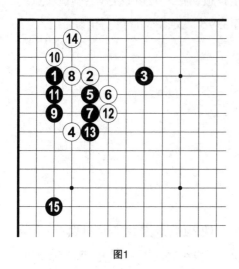

图1

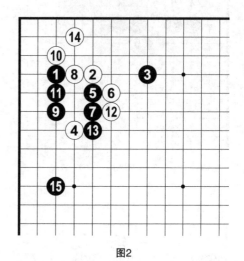

图2

图1　基本定式。

图2　缓拆一路，比起上图定式的定型变化，这种下法黑棋可以更厚一些。

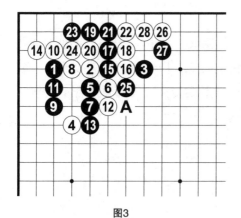

图3

图3　征子问题，在白棋征子有利的情况下，白14立也是一种选择，黑15断，白16、18打吃冲下，黑19小尖是棋形要点，白20虎打补断，黑21粘，白22挡，黑23长先手延棋，白24粘，黑25断，白26小跳是冷静的延气手段，黑27小尖，白28粘，局部对杀白快一气，但一定要注意A位征子的问题。后续在白棋征子有利的情况下，黑棋可以根据配合考虑引征的手段。

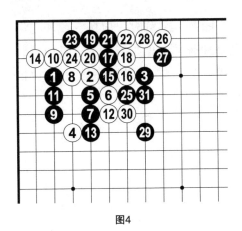

图4

图4　白28粘时，黑29飞夹不成立，但若白30随手打吃，黑31粘，白棋崩溃。

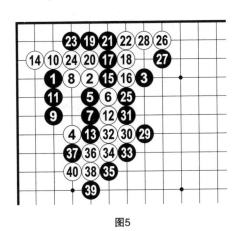

图5

图5　面对黑29飞夹，白30尖顶是正确下法，黑31打吃征子不利，至白40拐，黑棋崩溃。

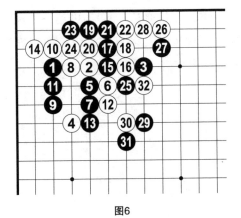

图6

图6　白30尖顶时，若黑31扳，白32断吃棋筋，黑棋吃亏。

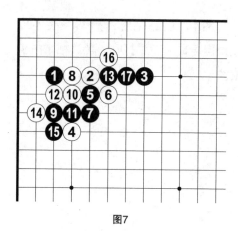

图7

图7　黑9跳时，白10、12冲吃也是一种非常实惠的下法，至黑17粘，白棋先手吃角，黑棋获得外势，白棋可下。

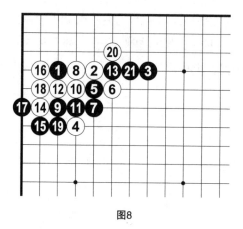

图8

图8　大同小异。

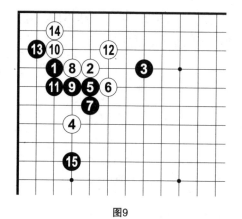

图9

图9　白8顶时，黑9挡也是一种选择，白10扳角，黑11粘，白12简明虎补，至黑15夹，双方可下。

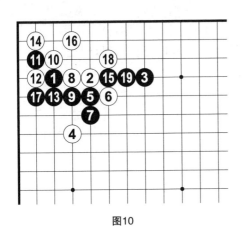

图10

图10　白10扳时，黑11连扳也是一种下法，若白12、14简单打吃一子，黑15断获取外势，至黑19粘形成转换，黑棋可以接受。

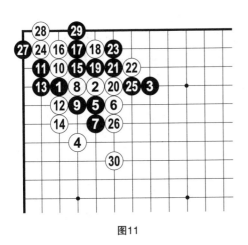

图11

图11　黑11连扳时，白12、14断打弃子是不错的选择，至白30跳形成转换，白棋可下。

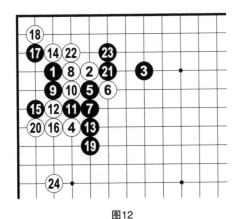

图12

图12　场合下法，白8顶时，黑9退也是一种选择，至白24局部定型，白棋获得实地，黑棋获得外势，局部白棋满意。

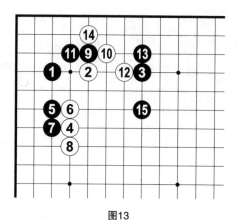

图13

**图13** 简明定型，白4大飞时，黑5跳也是一种选择，至黑15跳，双方可下。

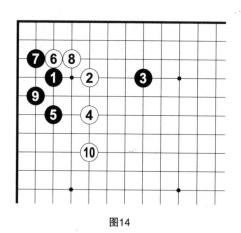

图14

**图14** 简明定式，面对黑3二间高夹，白4单跳是非常简单的定式下法，至白10跳，基本两分。

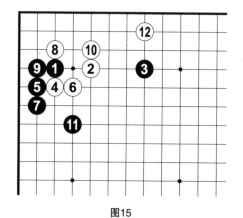

图15

**图15** 老定式。

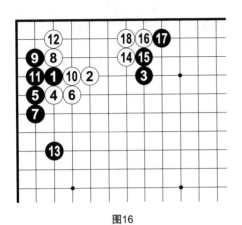

图16

**图16** 基本定式，白8夹时，黑9扳虎较为紧凑，至白18简明就地活棋，局部双方均可接受。

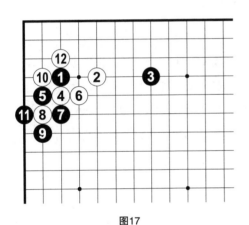

图17

**图17** 黑7扳稍差，白8断在外面，黑9打吃是本手，白10、12吃角，白棋满意。

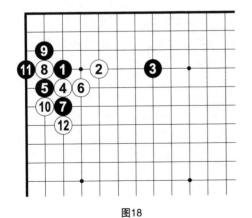

图18

**图18** 场合下法，在征子有利的情况下，白8也可以选择断在角里，黑9打吃，白10、12征吃外边一子，依然是白棋好。

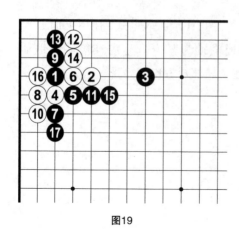

图19

图19　场合下法，局部黑棋稍亏。

## 第七节　小飞低挂

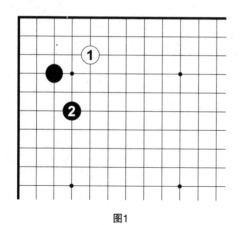

图1

图1　小目低挂是控制方向的挂角选择，往往白棋低挂后，黑棋再抢回右边的方向并非易事，面对小飞低挂，黑棋高位小飞应是比较流行的下法。

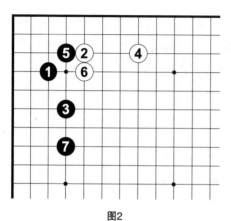

图2

图2　定型选择，白棋虽然立二拆二看起来有些重复，但是可以获得一个先手权，白棋满意。

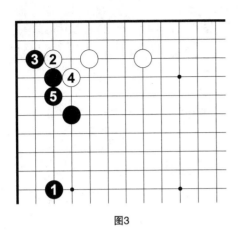

图3

**图3** 次序错误，黑1单拆三对白棋毫无压力，白2、4托虎先手整形加强自己，与图2定式相比，这个变化显然白棋更加满意。

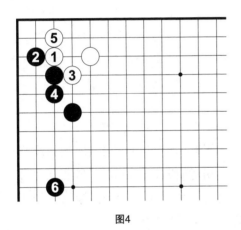

图4

**图4** 老定式，白1、3托虎，想直接在角上就地活棋，形成一个小堡垒，至黑6局部定型。

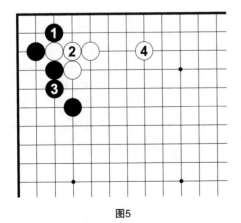

图5

**图5** 愚形，黑1打吃，白棋粘住一般都是很难下得出手的棋，不仅棋形不好看，效率也非常低，再加上还是个后手，显然黑棋好。

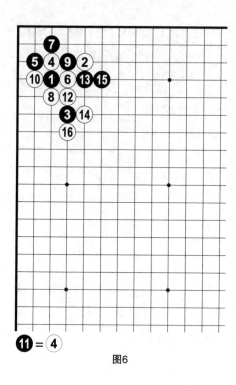

11 = 4

图6

图6 白14单扳比较上图稍好一点，但就局部价值对比而言，依然是黑棋好。

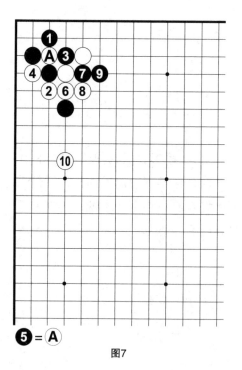

5 = A

图7

图7 面对黑1打吃，白2、4反打弃子相对简明，但后续黑7断仍是十分严厉的手段，至白10开拆定型，黑棋好。

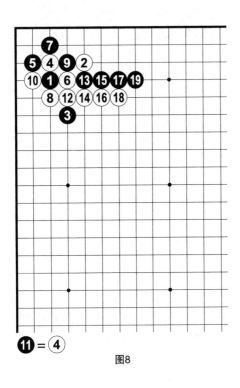

**11** = **④**

图8

**图8** 俗手，白棋14、18明显损空。

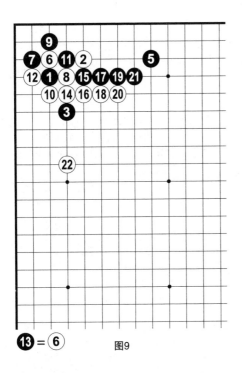

**13** = **⑥**

图9

**图9** 白4脱先也是一种选择，待黑5夹攻时，白棋再还原6、8托虎弃子定型，比起上图变化，黑5一子位置重复，至黑21定型，基本两分。

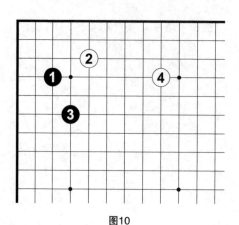

图10

图10　基本定式。

# 第八节　外靠

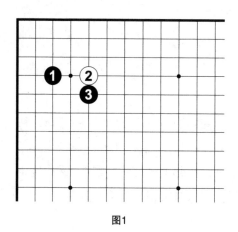

图1

图1　黑棋小目，面对白棋高挂时，黑3外靠也是一种选择。

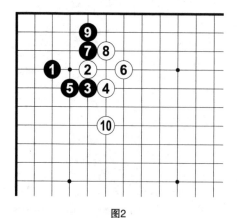

图2

图2　老定式，黑棋取实地，白棋取外势，基本两分。

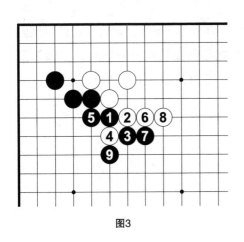

图3

**图3** 老定式，至黑9定型，基本两分。

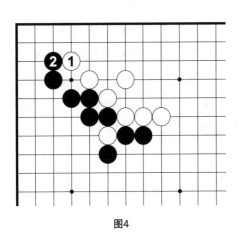

图4

**图4** 后续定型，接图3变化，后续白棋可以选择小尖定型，此为本手。

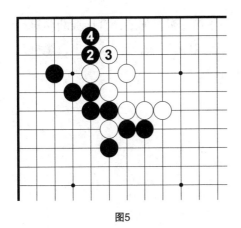

图5

**图5** 黑棋定型。

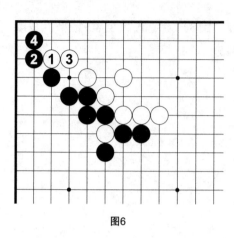

图6

图6　白棋过分，后续定型白棋直接托角是比较过分的下法，但如果黑棋就这样底扳的话，白棋自然可以满意。

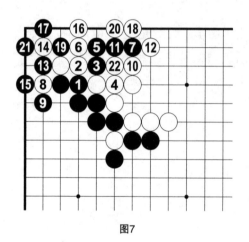

图7

图7　反击，黑1、3团断是正确的下法，至白22虽然可以吃掉黑棋四子，但仔细判断会发现白棋不过是把自己原有的空保住了而已，角上实地被黑棋先手吃掉，白棋不满。

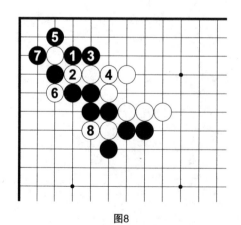

图8

图8　黑棋崩溃，直接扳断明显是缺乏计算的下法，至白8打出，黑棋几乎崩溃。

图9 白8扳较为强硬，黑9打吃补棋，至白10长，白棋稍好。

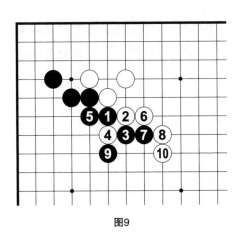

图9

图10 新下法，面对白8扳头，若黑9断反击，白10单跳可简明处理，至白14定型，依然是白棋稍好。

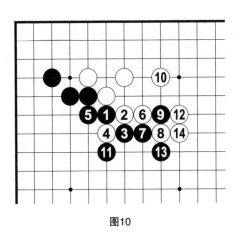

图10

图11 场合下法，白1长简明弃子定型，局部黑棋稍好。

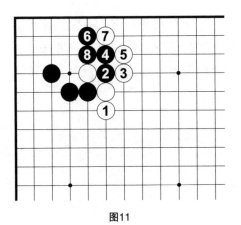

图11

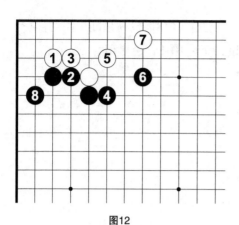

图12

**图12** 基本定式，白棋反托也是一种定式选择，黑2、4顶长是比较简明的下法。

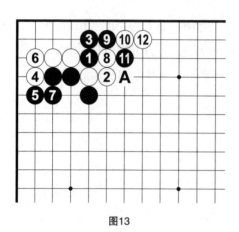

图13

**图13** 征子问题，在黑棋征子有利的情况下可以考虑断打吃角。

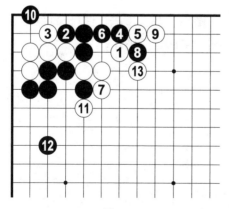

图14

**图14** 白角被吃，在白棋征子不成立的情况下，小尖也是一种选择，至白13定型，形成转换，双方均可接受。

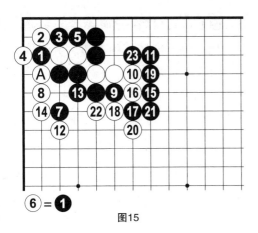

图15

⑥=❶

**图15** 场合下法，若黑征子不利，在白棋A位扳的时候可以考虑断掉弃子，至黑23拐吃定型，白棋局部争得先手，需要根据周围配合判断选择。

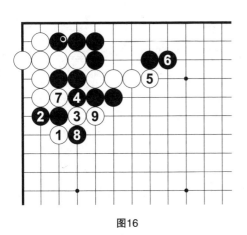

图16

**图16** 黑2硬挡无理，白5、7次序巧妙，至白9长出，黑棋崩溃。

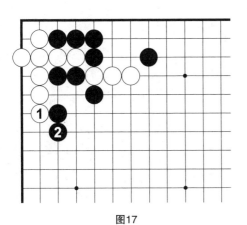

图17

**图17** 白1爬二路显然吃亏。

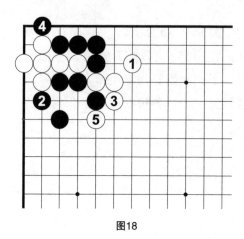

图18

图18　白棋在外面小尖弃掉角上实地，将方向转移到右边，弃子取势，白棋更加理想。

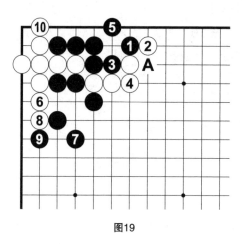

图19

图19　征子问题，在黑棋A位断征子有利的情况下，可以考虑。

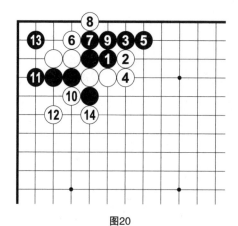

图20

图20　老定式。

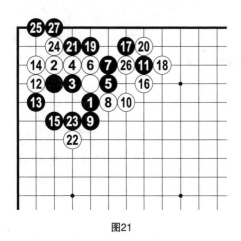

图21

图21　白8断至26简明弃子取势，白棋稍好。

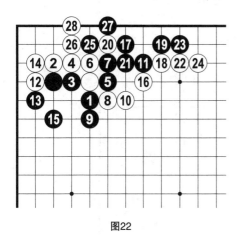

图22

图22　黑19若扳在二路活棋，白棋无不满道理。

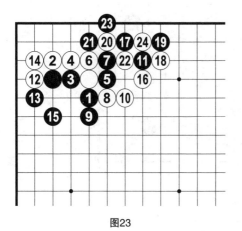

图23

图23　黑棋崩溃。

# 第二章　常用布局

　　一盘棋分为三个阶段，分别是布局、中盘和官子，而布局代表着一盘棋的开始。棋诀中有讲道"起手据边隅，逸己攻人原在是"，如今可以简单地理解为我们熟知的术语"金角银边草肚皮"，它告诉我们在开局时要从边角起始，使自己安定，并为将来的战斗打好基础。

## 第一节　中国流

　　图1　中国流布局。

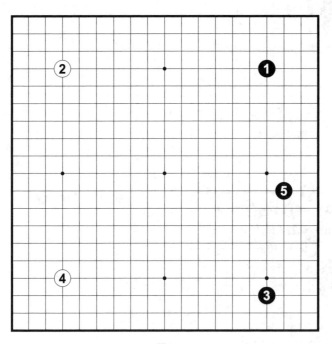

图1

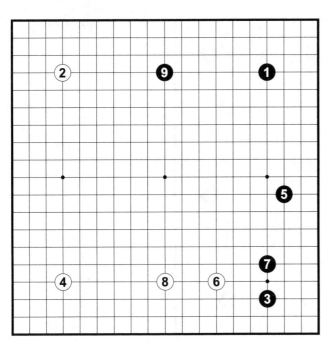

图2

**图2** 中国流布局结构，老派定型。

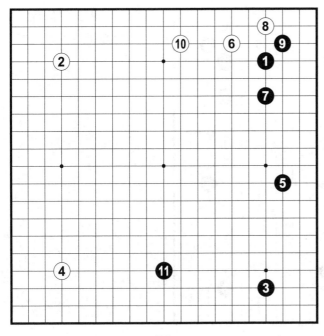

图3

**图3** 白棋更换方向，黑棋思路不变，构造出"两翼张开"模样。

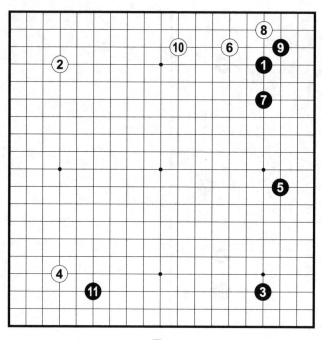

图4

**图4** 积极。

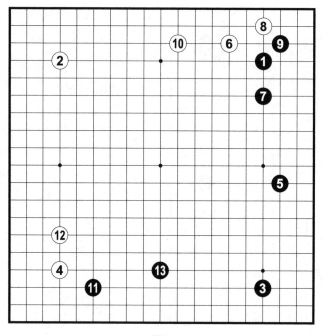

图5

**图5** 黑棋的理想变化。

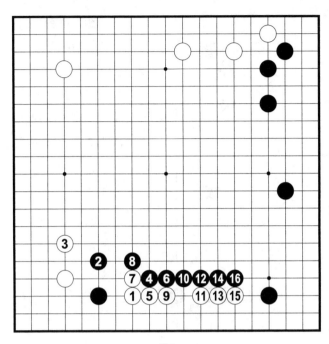

图6

图6 若白1反夹，黑2、4跳取势也是一种选择，至黑16一路压住定型，基本两分。

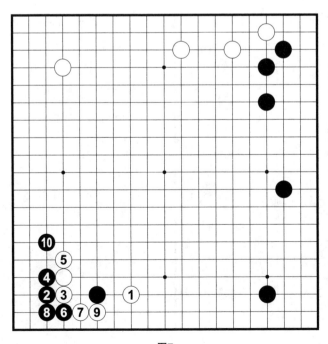

图7

图7 黑2点三三较为实惠，至黑10跳完成定式定型，双方均可接受。

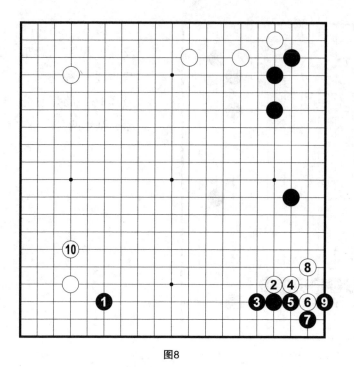

图8

图8 新下法，面对黑1挂角，白2碰是目前一种较为常见的下法，黑3、5简明，至白10形成布局结构，基本两分。

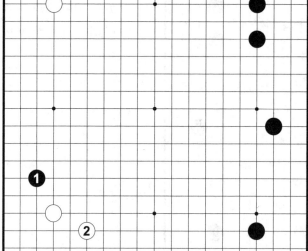

图9

图9 通常布局阶段要注意棋子之间的配合，图中黑1挂与自身的中国流布局没有配合，方向不佳。

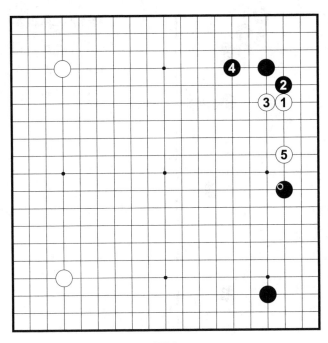

图10

**图10** 白棋挂角方向稍差，只能拆二，黑棋中国流布局拆边一子正好限制了白棋，黑棋稍好。

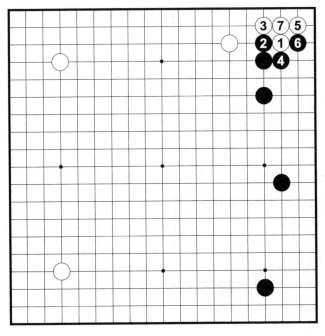

图11

**图11** 务实，白1点三三较为实惠，黑4拐是简明定型的下法，基本两分。

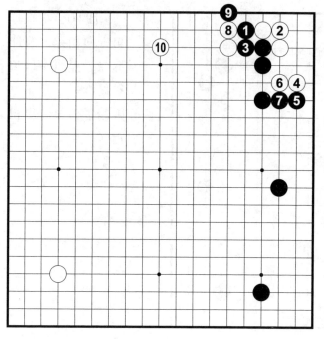

图12

图12 黑棋扳下将白棋断开，白2、4简明活棋，至白10拆三定型，基本两分。

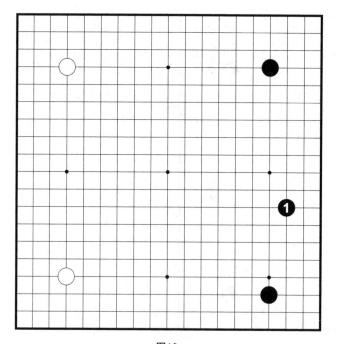

图13

图13 中国流布局的另一种思路。

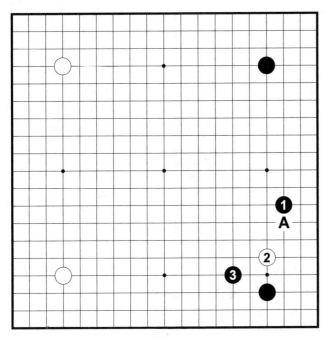

图14

图14 与图1相比，黑1拆边向小目靠近了一路，这样一来白棋挂角后无法在A位拆边，白棋被动。

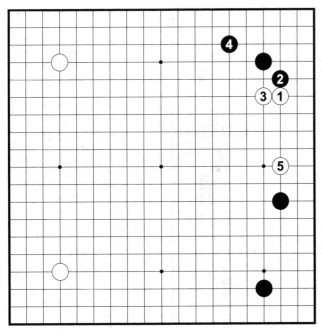

图15

图15 立二拆三，白1里挂也是一种选择，与图10相比，白5留有能够拆三的空间。

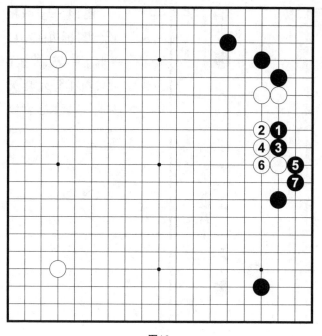

图16

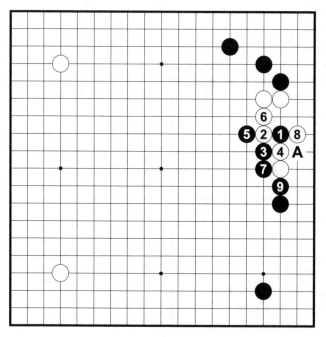

图17

**图16** 黑1打入积极，白2、4试图压过，简明定型，基本两分。

**图17** 面对白2靠压，黑3反扳弃子取势是不错的选择，至黑9顶住定型，后续留有A位断打破眼的手段，白棋局部尚未活净，黑棋稍好。

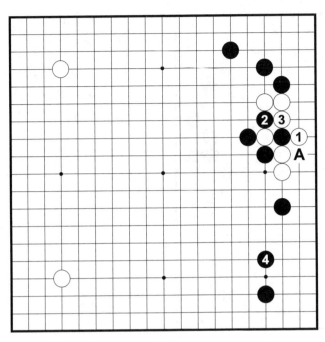

图18

图18 若白1底打，黑2、4简明定型，以后留有A位开劫手段，黑棋稍好。

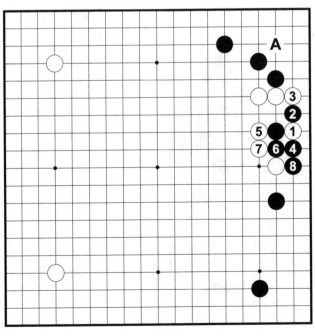

图19

图19 白1托是一种不错的选择，如果黑棋单纯渡过，白棋便可以在角上留下后续手段，与图16相比，白棋稍好一些。

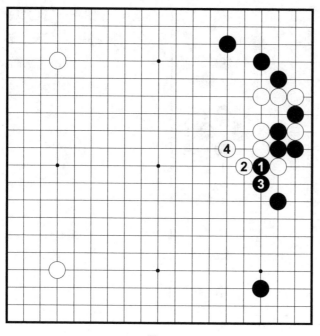

图20

**图20** 黑棋断，提高效率，白2、4若就这样弃子，显然黑棋还是很满意的。

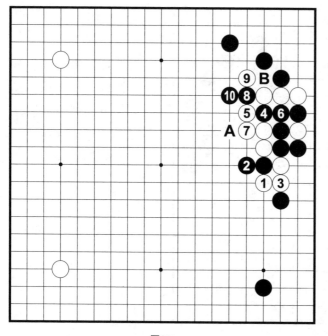

图21

**图21** 白棋直接打出不成立，黑4挖是棋形要点，至黑10长，A、B两点见合，黑棋必得其一，白棋崩溃。

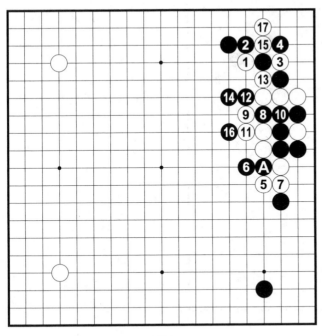

图22

图22 基本定型，面对黑棋A位断，白1、3靠挤的次序极为重要，后下至黑12会发现白13打吃变得严厉了许多，黑14、16只好与之形成转换，至白17下立吃角定型，这是双方都可以接受的下法。

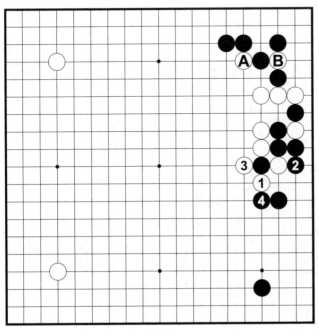

图23

图23 简明定型，白棋A、B两手交换本身实地损失明显，其目的是可以从C位吃出，白1拐打简明，双方均有得失，至白3贴定型，基本两分。

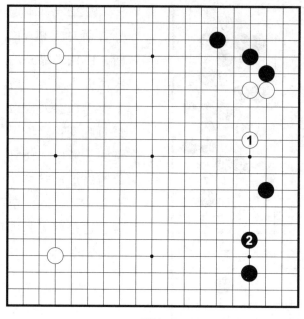

图24

**图24** 白1高拆二简明选择，至黑2单跳守角，基本两分。

## 第二节 错小目布局

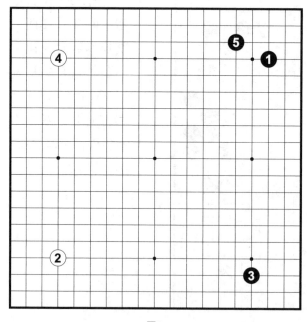

图1

**图1** 错小目基本结构。错小目是指由两个面向不同方向的小目形成的配合，是一种比较注重实地的下法。

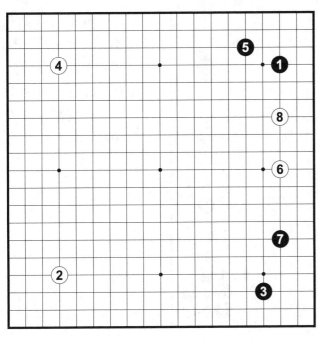

图2

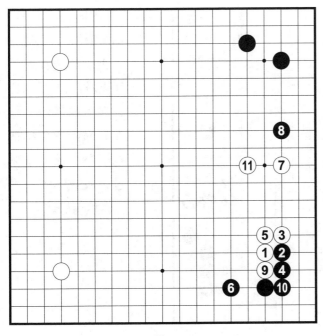

图3

**图2**　面对错小目无忧角布局，白棋分头是比较简单的下法，但是黑棋开局先手占据两个角地，黑棋可以满意。

**图3**　白1高挂是面对错小目布局比较常见的挂角下法，黑2、4选择托退定式，至白11单官跳定型，白棋局部落下后手，黑棋稍好。

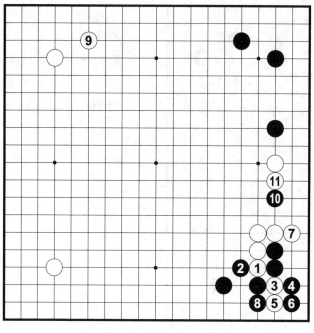

图4

**图4** 黑2虎不好，白棋可以利用角上3、5断的借用，将白7立变为先手，后续黑10打入无趣，白棋好。

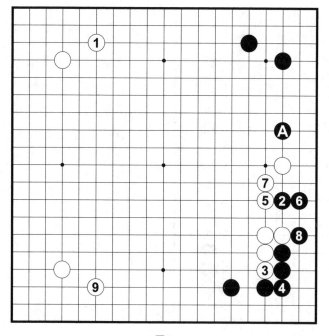

图5

**图5** 面对黑棋A位逼住，白棋脱先是正确的选择，后续黑2打入是局部比较严厉的手段，但在开局阶段黑棋选择6、8二路下立渡过，收获不大，局面白棋稍好。

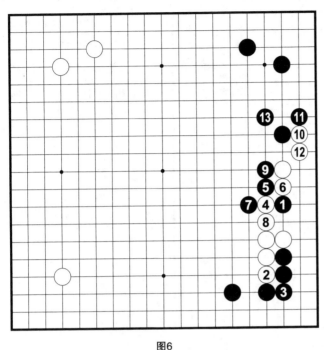

图6

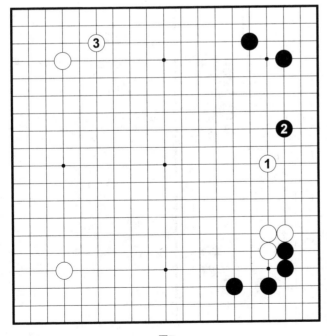

图7

图6 白棋脱先，黑1打入，白2、4挤压，黑5、7扳打弃子取势是不错的选择，白10单托是好棋，至黑13简明定型，基本两分。

图7 白1高位拆三也是一种选择，至白3小飞守角定型，基本两分。

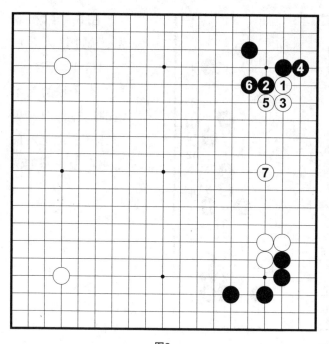

图8

**图8** 白1碰也是一种下法，黑2、4扳立守角，至白7拆回定型，基本两分。

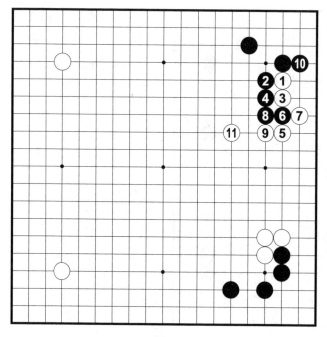

图9

**图9** 黑2、4扳压紧凑，至11简明定型，局面基本两分。

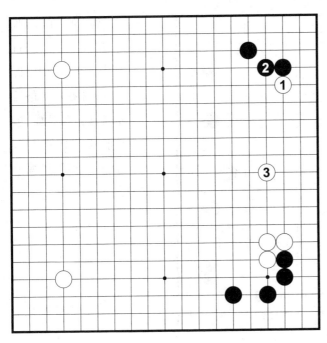

图10

**图10** 面对白1碰时，黑2单长是非常简明的下法，白3拆回定型，基本两分。

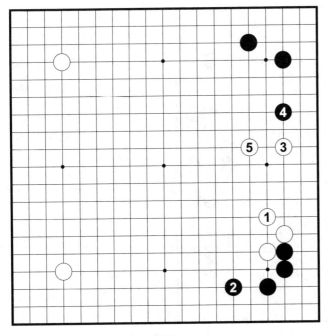

图11

**图11** 白1虎定式下法，黑4逼住，至白5单跳定型，与图3变化相比，白棋效率相对提高，基本两分。

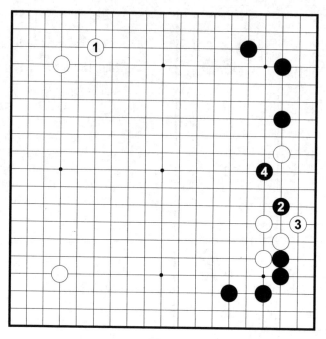

图12

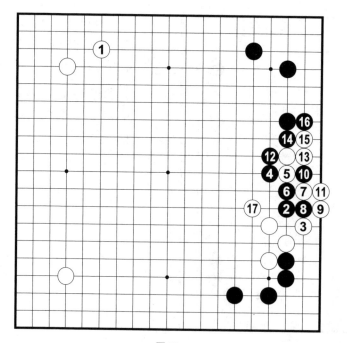

图13

**图12** 白棋脱先，局部黑棋后续打入手段较为严厉，黑2点强调要在二路扳过，白3小尖阻渡，接下来黑棋分别有上飞、下飞和碰多种手段。

**图13** 老定型，上飞变化，白5、7简明渡过，黑12、14压顶取势，白15先手拐挡交换细腻，至白17小尖，局面黑棋稍好。

图14 新下法，白7拐反击强硬，黑16扳阻断白棋，白17、19断打征吃一子，至白21形成战斗局面，白棋可下。

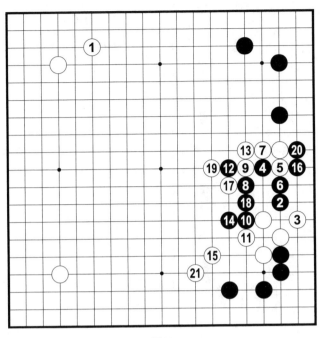

图14

图15 下飞变化，面对黑1二路小飞，白2上跳，黑3、5跨断，围棋中也有"逢飞须跨"的说法，但这个说法并非必然，而是看到小飞后要思考跨断是否成立，本图至白12跳夹为早期局部定型下法，局面黑棋稍好。

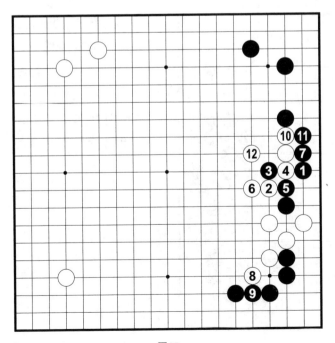

图15

79

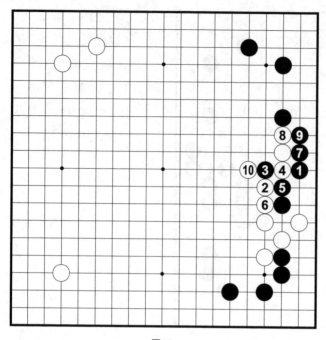

图16

**图16** 新下法，白6粘紧凑，至白10打获得外势，局面白棋好。

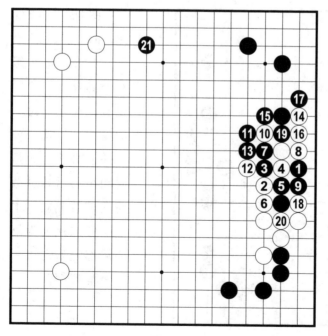

图17

**图17** 黑7上压是个不错的选择，白10、14先扳再托是延气的手筋，至白20形成转换，黑21拆边，基本两分。

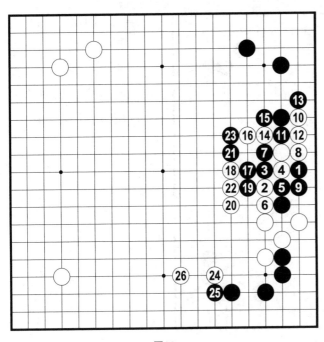

图18

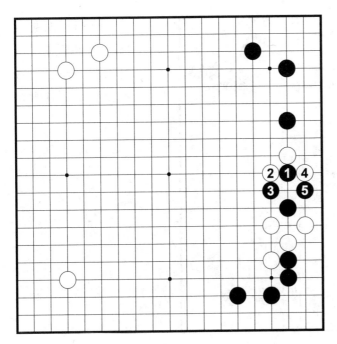

图19

**图18** 白10先托也是一种选择，黑11、13顶完扳收气，白18、20顶完夹住是漂亮的弃子定型手段，至白26跳，基本两分。

**图19** 黑棋碰，形成打劫，这个劫的价值对于黑白双方来讲都非常大，而在序盘阶段，劫材极为珍贵，更有"初棋无劫"的说法，所以黑棋目前直接碰完开劫是不明智的选择，需要在劫材有利的情况下再作考虑。

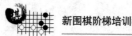

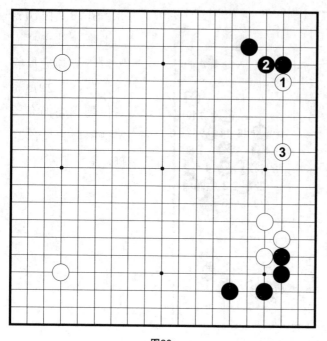

图20　基本定型，白棋先碰后拆积极一些，想要提高效率，黑棋简明应对也并无不满。

图20

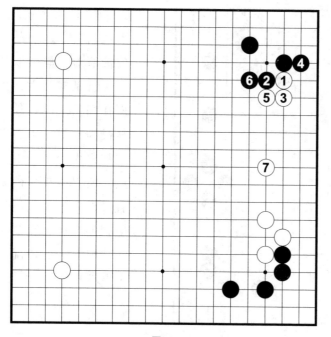

图21　面对白1碰，黑棋扳立也是可以的，至白5、7拐完拆三，基本两分。

图21

**图22** 黑6点
刺是李世石VS阿尔
法GO的实战对局
变化，白棋简明弃
子，至白15守角，
基本两分。

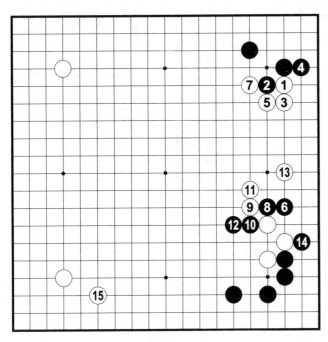

图22

**图23** 白棋
直接拆二，虽然看
似配合不错，但是
在被黑棋压一手交
换后，会发现白棋
配合重复，白棋不
好。

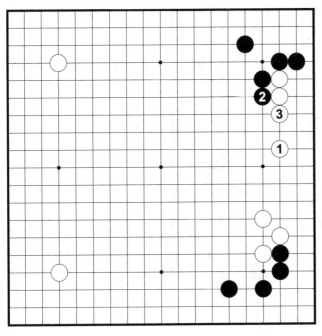

图23

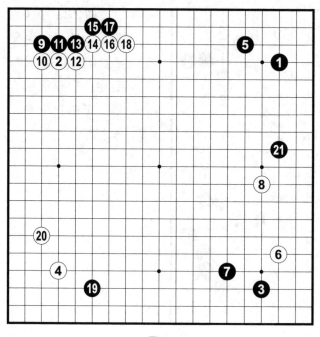

图24

图24 新构思，白6低挂也是常见的挂角选择，黑9点三三是目前较为常见的下法，至黑21基本两分。

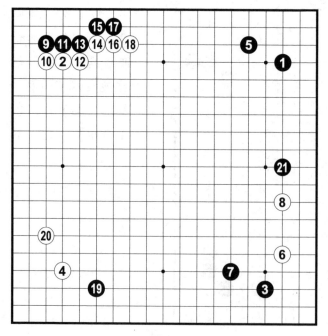

图25

图25 白8拆二也是一种定式下法，至黑21简明布局，基本两分。

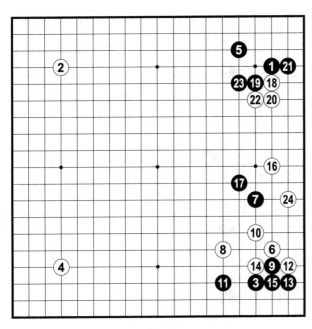

图26

图26 黑7二间高夹，白8大跳是简明定式下法，至白24飞过，双方均可接受。

# 第三节 小林流

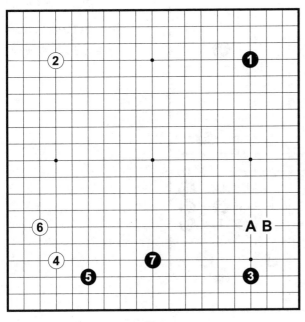

图1

图1 小林流布局。黑3、5、7是经典的小林流结构，小林流是由日本六大超一流棋手"小林光一"九段创作，并以他的名字命名的。面对小林流布局，白棋A、B位是两种较为常见的挂角手段。

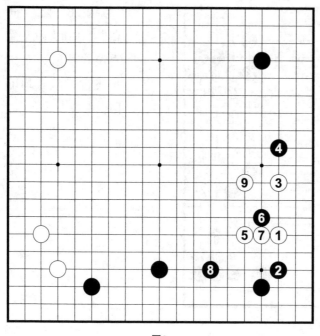

图2

**图2** 白1二间低挂，至白9跳是小林流布局的经典下法，基本两分。

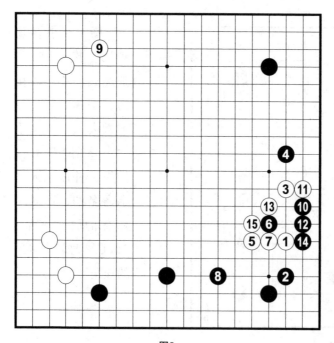

图3

**图3** 若白9脱先，黑10透点还有后续手段，较为严厉。

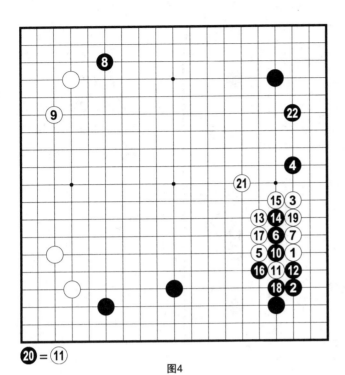

图4

**20** = **11**

图4 黑6点时，若白7爬，黑8可以挂角引征，之后再从黑10位冲出，至黑22定型，黑棋稍好。

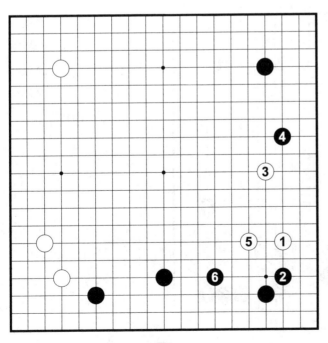

图5

图5 面对黑2小尖，白3超大飞也是一种选择，至黑6拆边，基本两分。

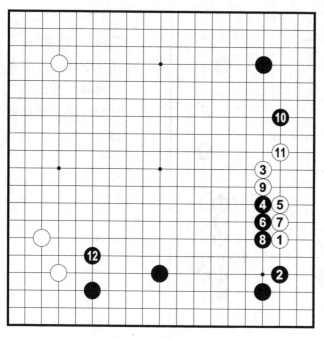

图6

图6　白3超大飞时，黑4高位打入是取势下法，白5托过，黑6、8顺势压住白棋，至黑12跳，基本两分。

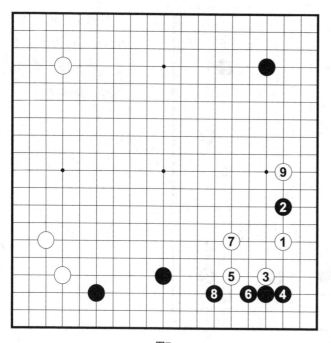

图7

图7　黑2夹稍差，白3是局部好棋，黑4长，白5、7轻灵，至白9夹形成战斗，白棋不错。

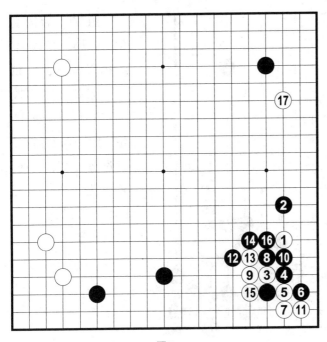

图8

图8 若黑4扳反击，白5扭断，局部至黑16粘，白棋先手定型后在17位挂角，打散黑棋上方形势，白棋满意。

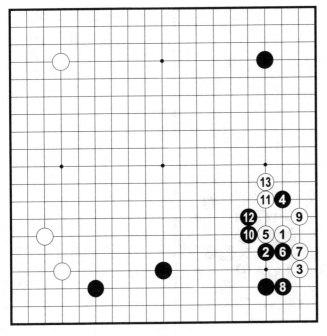

图9

图9 老定式，面对白1低挂，黑2跳，白3飞角，黑4一间低夹，白5贴出至13长是小林流布局的常见下法。

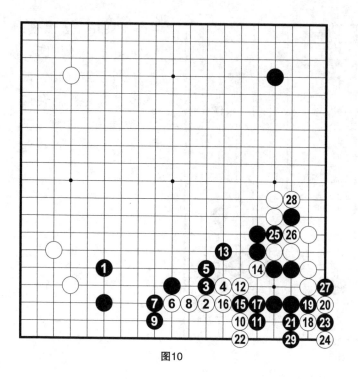

图10

**图10** 后续变化，若局部黑1跳继续扩张模样，白棋接下来打入的手段一定要仔细思考清楚。图中白2打入显然过分，黑3、5压长下法紧凑，至黑29白棋局部被吃，白棋大亏。

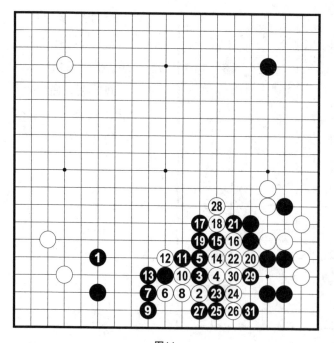

图11

**图11** 变化图，黑快一气，白棋崩溃。

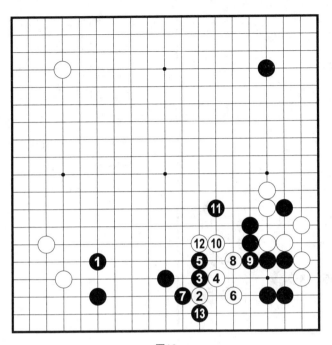

图12

**图12** 白6、10虎补之后小尖出头虽然可以找到一条生路，但至黑13打吃破眼，白棋依然十分被动，白棋不好。

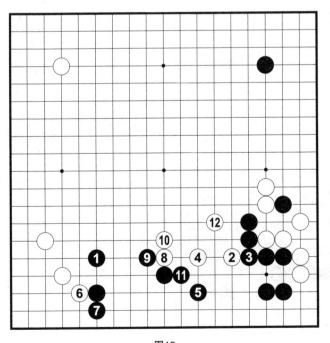

图13

**图13** 白2点是局部正确的侵消手段，黑3粘住，白4跳简明，黑5飞过，白6尖顶先手便宜，黑7下立，白8压至12小飞，局部基本定型，两分。

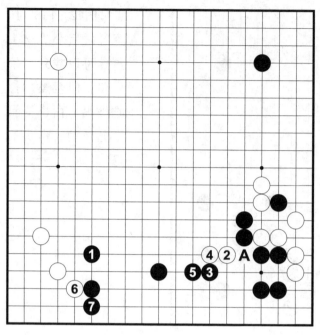

图14

**图14** 白2点时，黑3飞过也是一种选择，白4压完在6位尖顶先手便宜，黑7下立，局部基本定型，将来白棋还有A位断的后续手段，基本两分。

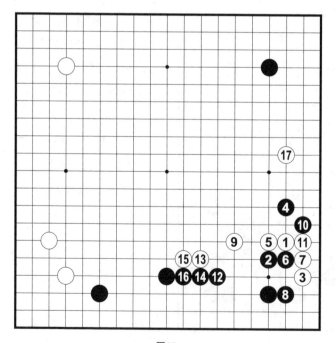

图15

**图15** 白9跳也是一种选择，黑10小尖先手破坏白棋眼形，白13、15先手加强外围配合，至白17夹形成战斗，白棋可下。

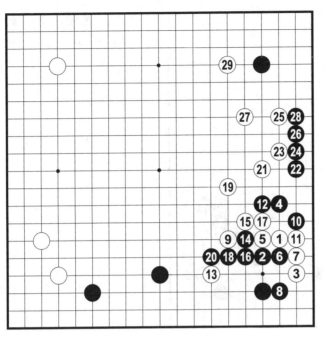

图16

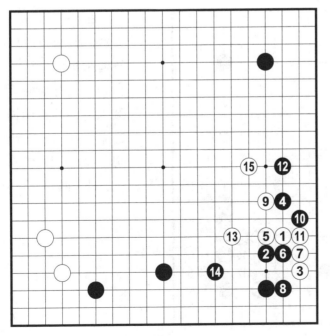

图17

图16 面对白9跳，黑12并是老下法，白13飞，黑14挖断虽然强硬，但白19、21弃掉13一子灵活转身，将黑棋上方三子罩住，黑22至28只好爬二路苦活，白29飞罩，白棋满意。

图17 老定式，白9压也是一种下法，至白15飞，基本两分。

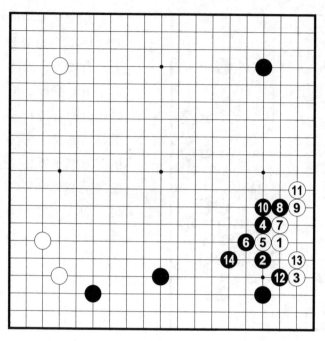

图18

**图18**　黑4小跳也是一种选择，至黑14虎，基本两分。

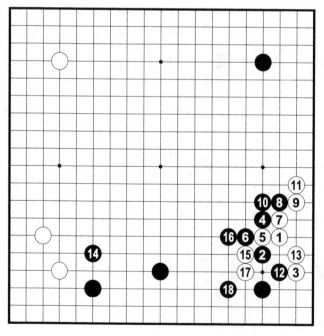

图19

**图19**　白13退回时，黑14也可以跳起来扩张模样，白15虽然有断的后续手段，但黑16长出后可在18位跳夹，白棋收获不大，基本两分。

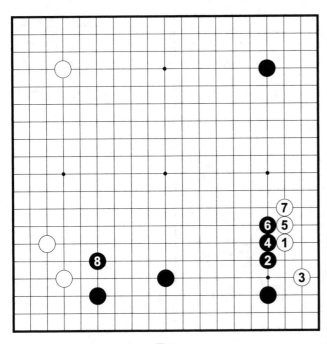

图20

图20 新下法，黑4、6连压两下简明，至黑8跳，基本两分。

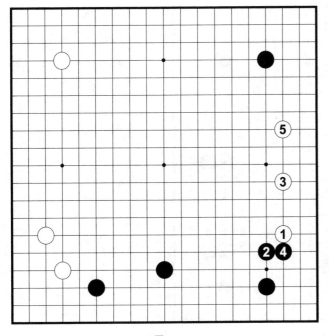

图21

图21 白3、5拆二是简明下法，基本两分。

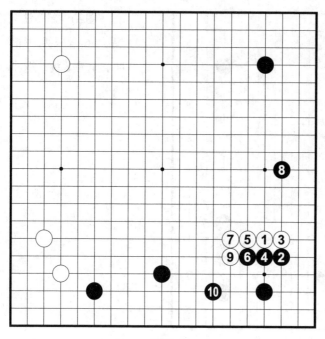

图22

**图22** 老下法，白1二间高挂也是小林流布局中的常见挂角手段，至黑10拆二，基本两分。

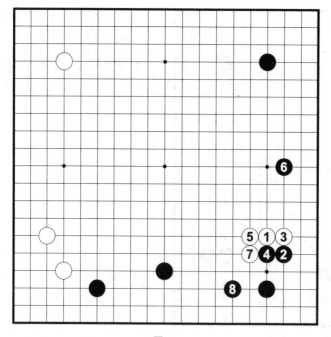

图23

**图23** 新下法，黑6直接脱先逼住也是一种选择，至黑8跳，基本两分。

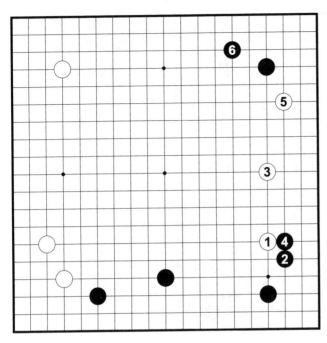

图24

**图24** 黑2小飞，白3、5开拆挂角是十分简明的下法，至黑6飞，双方可下。

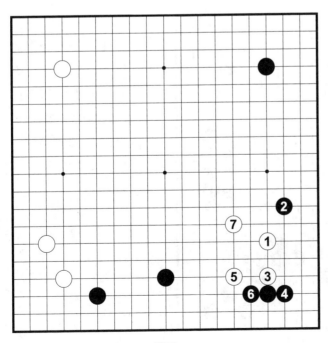

图25

**图25** 黑2夹攻寻求战斗，白3试应手，若黑4退角，白5、7下法轻灵，黑棋无趣。

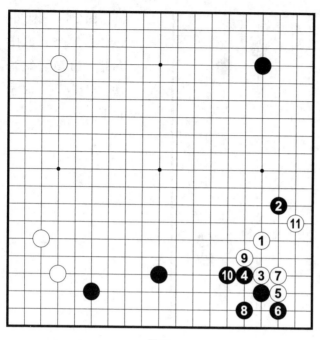

图26

**图26** 老下法，黑4外扳，白5反扳，黑6连扳，白7粘至11飞，局部基本定型，白棋稍亏。

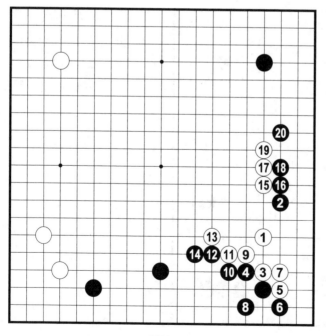

图27

**图27** 新下法，白11、13压后扳看似俗手，实则损失不大，接下来可以在15位肩冲压制黑棋，至黑20跳，基本两分。

图28 黑4里扳，白5反扳，黑6立无奈，白7虎至13形成转换，黑棋配合稍差，白棋可以满意。

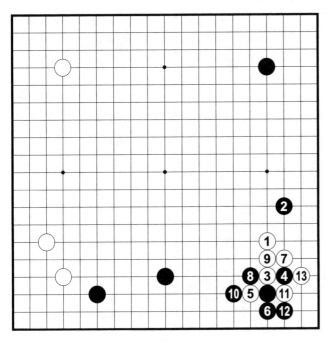

图28

图29 老定式，黑2飞在外边，白3小飞先手便宜，至白9大飞，白棋稍好。

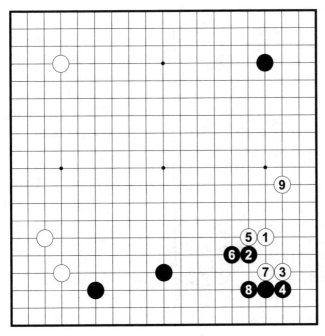

图29

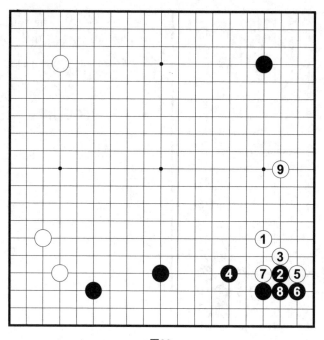

图30

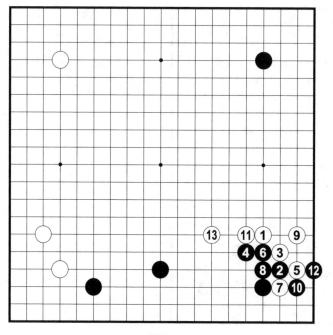

图31

图30 老定式，黑2也可小尖守角，白3尖顶紧凑，黑4飞，白5、7先手便宜，至白9拆边，基本两分。

图31 新下法，白3尖顶时，黑4飞是局部最佳选择，白5扳，黑6挤紧凑，白7、9打完双虎，黑10吃角至白13跳，基本两分。

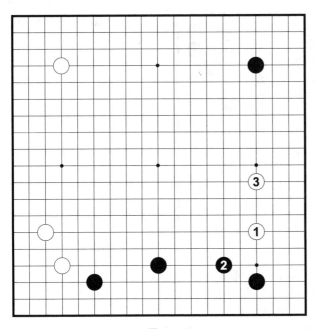

图32

**图32** 黑2直接小飞是简明的下法，白3大跳，局部基本两分。

## 第四节 迷你中国流

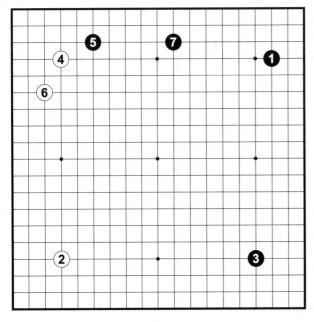

图1

**图1** 迷你中国流基本结构。

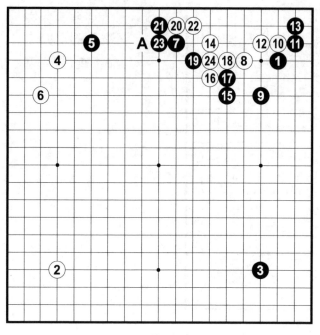

**图2** 老定式。

图2

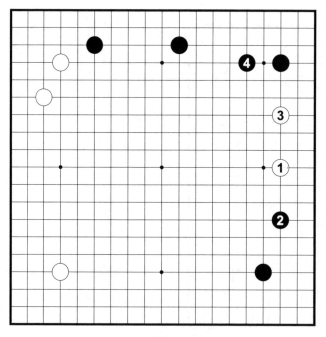

**图3** 白1分头是面对迷你中国流较为常见的下法，黑2逼住，白3拆二是本手，黑4跳单纯防守，对白棋没有威胁，白棋成功打散黑棋形势。

图3

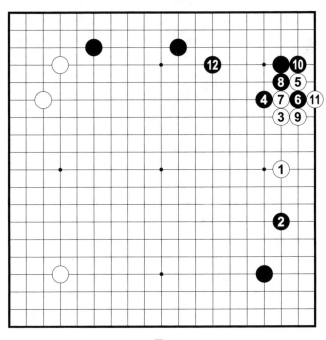

图4

图4 黑4飞不甘心后手单跳守角，一边威胁白棋，一边加强自己的右上角，至白7长，局部基本两分，黑棋争得先手，可以脱先抢占大场。

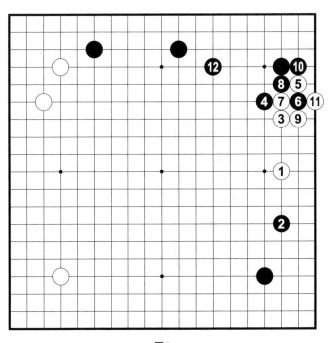

图5

图5 白5小飞，黑6跨断，至黑12小飞守空，是老布局下法。

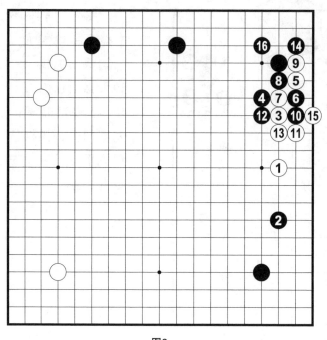

图6

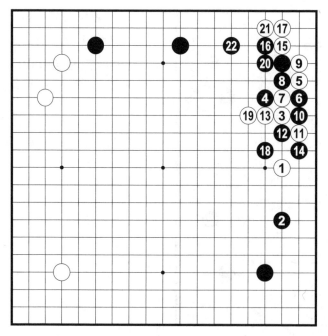

图7

**图6** 白9若爬一手，黑10、12爬一个之后上打弃子取势，至黑16虎，基本两分。

**图7** 黑12断打吃出有些复杂，白15扳角活棋，至黑22形成战斗局面。

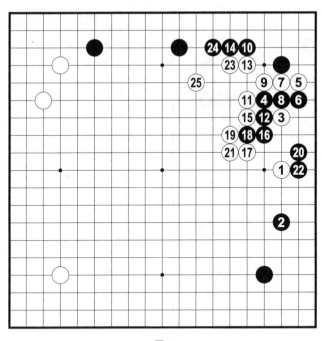

图8

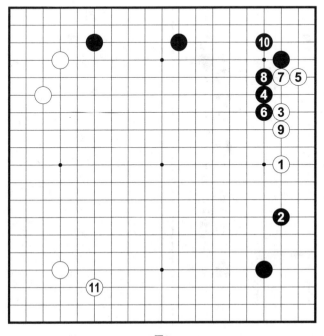

图9

**图8** 面对黑6跨断，白7冲也是一种较为严厉的反击手段，至白25小飞，白棋可下。

**图9** 黑6压是简明下法，至黑10虎，双方均可接受。

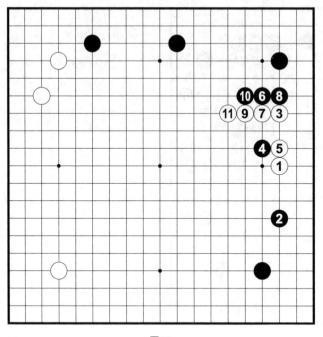

图10

图10　黑4点也是一种选择，白5爬回，至白11长出，相比图5变化，黑棋效率有所提高，黑棋可下。

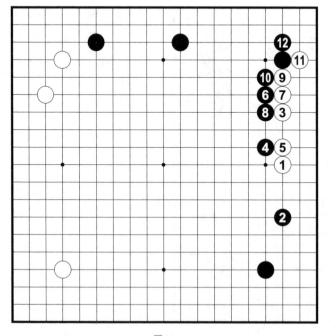

图11

图11　白7爬也是一种下法，黑8上压取势，至黑12长，基本两分。

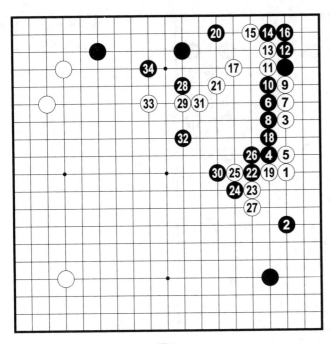

图12

**图12** 白11断复杂，至黑34飞，形成战斗局面。

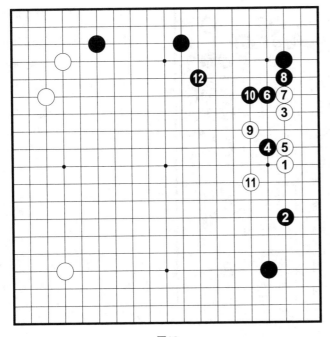

图13

**图13** 黑8顶住简明，至黑12小飞，基本两分。

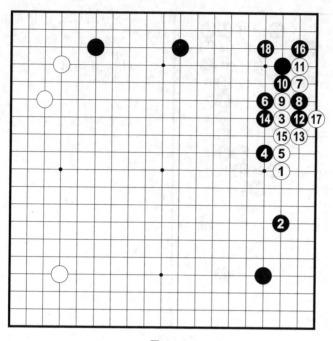

图14

图14　白7小飞，黑8跨断，至黑18虎，对比图7变化，黑4、白5的交换显然占到了便宜，黑棋满意。

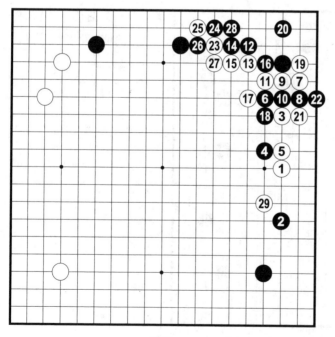

图15

图15　白9冲反击，与图9变化相比，黑4、白5交换防止了白棋封锁，至白29形成战斗，双方可下。

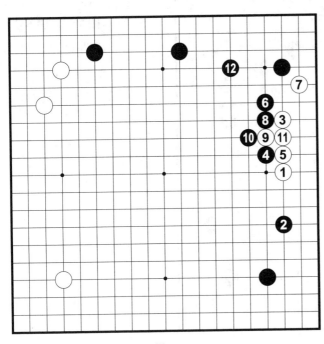

图16

图16　黑8单压简明，至黑12大跳，基本两分。

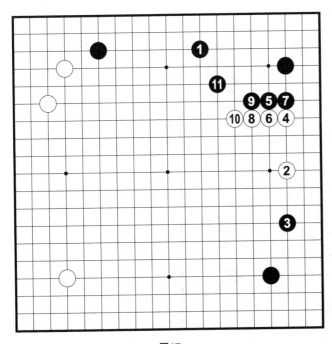

图17

图17　黑1是新迷你中国流布局的下法，白6至10长出，简明应对，至黑11小飞守空，黑棋满意。

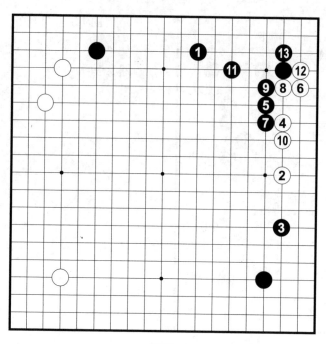

图18

图18　白6小飞，简明下法，与图10变化差别不大，至黑13长，基本两分。

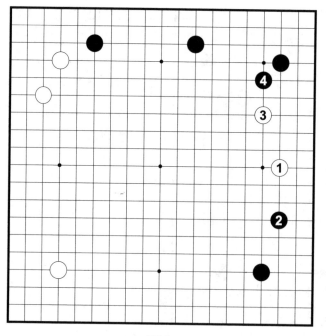

图19

图19　白3大飞也是一种选择，黑4小尖守角，基本两分。

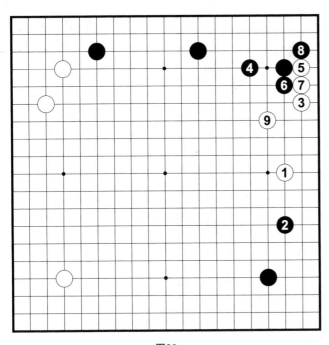

图20

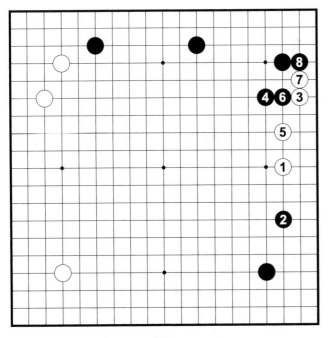

图21

**图20**　白3在二路超大飞是一种有趣的下法，黑4若单跳，白5、7托粘实惠，至白9飞，局部两分。

**图21**　黑4飞压，高效率下法，至黑8挡，黑棋满意。

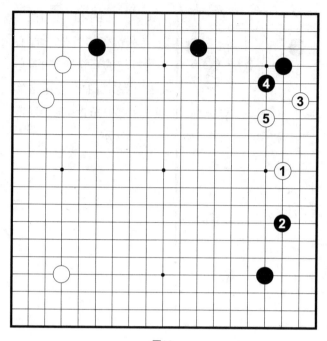

图22

图22　黑4小尖，简明先手定型，也是一种不错的选择，黑棋满意。

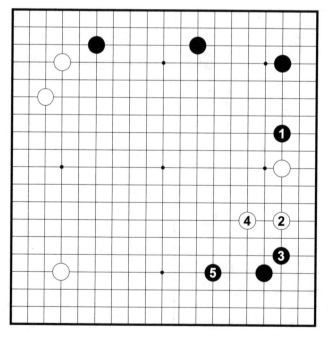

图23

图23　黑1拆三逼住也是一种选择，白2拆二略缓，面对下边黑棋星位一子，若还是拆二，黑3小尖攻击得利，白棋不满。

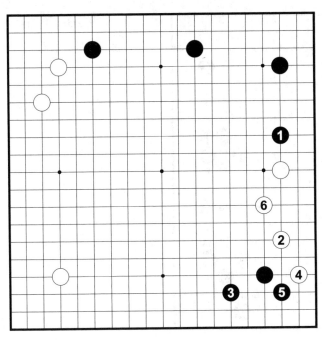

图24

图24 理想变化，白2挂角积极，黑3如果小飞防守，白4、6定型配合理想，与图9相比，白棋的效率提高了许多，并且白棋整体十分厚势，形成了一个小堡垒，黑棋不满。

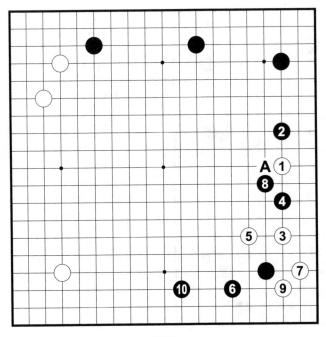

图25

图25 黑4打入反击是正确的下法，白5跳出，黑6小飞不愿被白棋罩住，白7小飞与黑8小尖形成转换，至黑10拆二，以后白棋A位还有冲出手段，白棋可下。

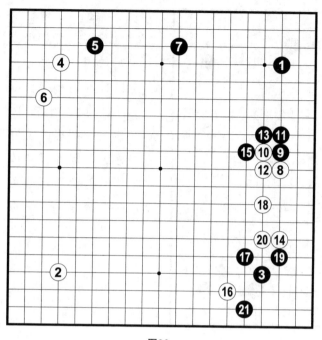

图26

图26　黑9碰，迷你中国流布局老下法。

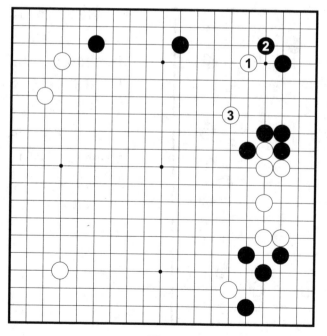

图27

图27　老下法，黑棋右上角模样较大，白1小高挂打入破空。

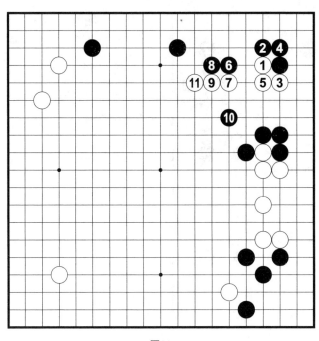

图28

**图28** 新下法，白1碰是目前比较常见的打入手段，黑2若扳角，白3、5反扳粘住，至白11长出，形成战斗。

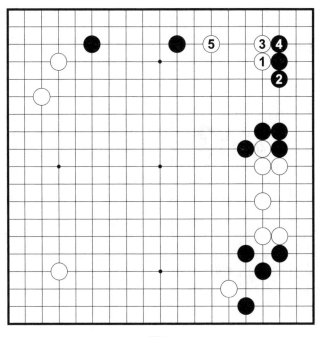

图29

**图29** 黑2若退在边上，白3、5简明就地生根。

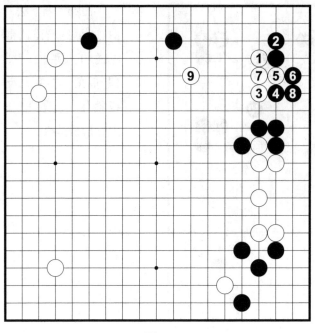

图30

**图30** 若黑2长在角里，白3、5跳挖可以先手压制黑棋，至白9拆三，出头顺畅。

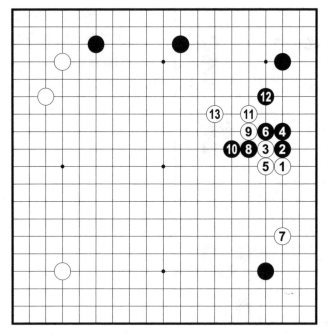

图31

**图31** 白9断凶狠，至白13跳出，形成战斗。

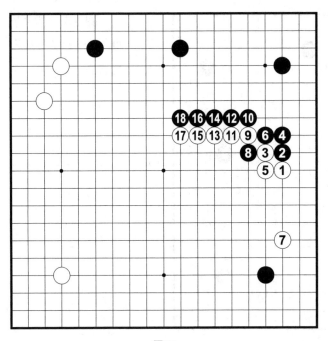

图32

**图32** 黑10打至黑18一路贴过来是非常简明的下法，黑棋取地白棋取势，基本两分。

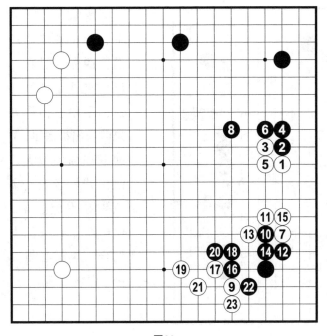

图33

**图33** 黑8跳是不错的选择，白9挂角，黑10、12靠压虎下简明，至白23，双方均可接受。

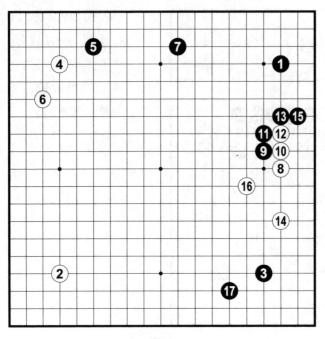

图34

**图34** 黑9肩冲，至黑17守角，老下法。

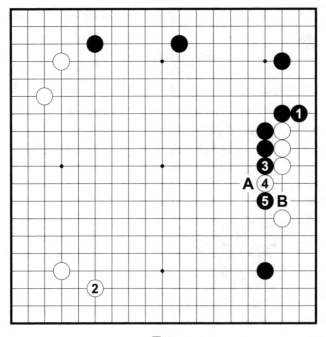

图35

**图35** 黑1立下，追求效率，若白棋脱先，黑3、5压后夹住是巧妙的封锁手段，白棋如果敢长出被黑棋B位冲下来损失太大，白棋若是老老实实地粘住A位就会被扳住封锁，A、B两点见合，黑棋必得其一，白棋不满。

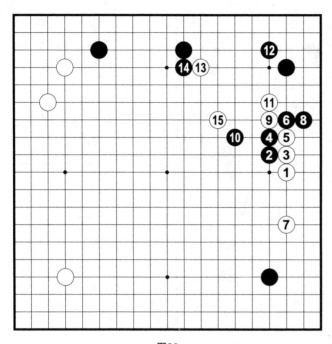

图36

**图36** 白9断反击，黑10跳简明，至白15肩冲形成战斗局面。

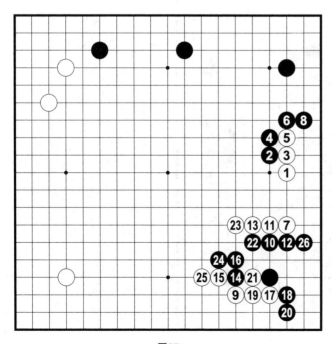

图37

**图37** 白9双飞燕也是一种选择，黑10跳是本手，白11、13贴长落空，至白25虎，黑棋满意。

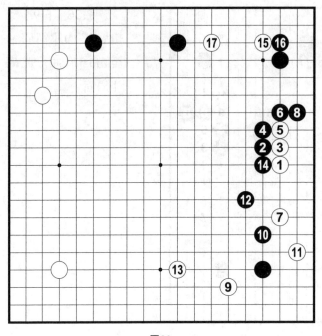

图38

图38　白11小飞务实，黑12、14飞压简明封锁，白15点是目前较为常见的打入手段，至白17拆二，双方均可接受。

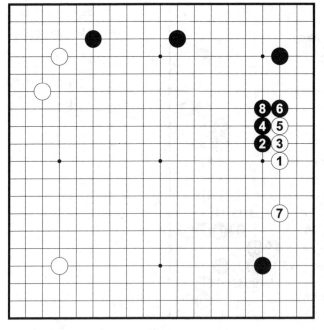

图39

图39　黑8粘住简明，基本两分。

图40 黑8肩冲也是一种下法，白9小尖简明，至黑12大飞，基本两分。

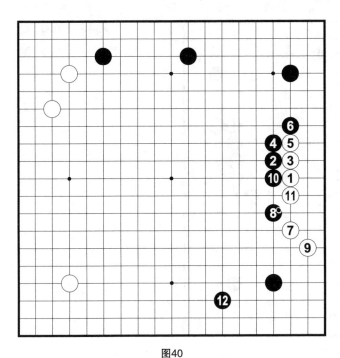

图40

图41 白7挂角看似提高效率，实则并不便宜，黑8粘住，白9拐防止黑棋打入，至黑10小飞，局部判断8、9和7、10的交换，感觉白棋略俗，黑棋稍好。

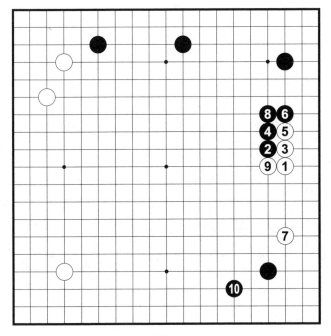

图41

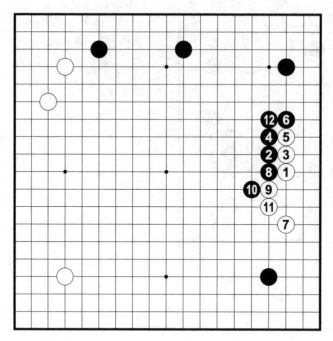

图42

图42　黑8压是简明下法，基本两分。

# 第三章　手筋

"手筋"是源于日本的围棋术语，大概的意思是灵感之下出现的妙手。

通常在棋局中难以发现的妙手，或是在局部棋形中最为有效的着法，我们称之为手筋。

## 第一节　断点、制造断点

"棋从断处生"，想必是大家都耳熟能详的围棋谚语。围棋中"断点"即为弱点，如果能够巧妙利用对手的断点，或主动给对手制造断点，必定会为己方的胜利带来更多的机会。

**图1**　基本型。白先，如何巧妙利用黑棋的弱点？

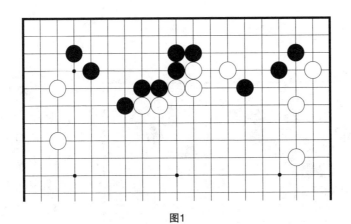

图1

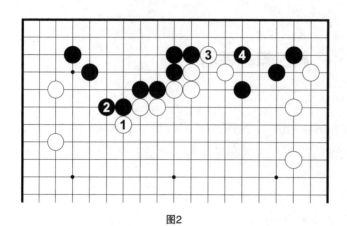

图2

图2　错误变化。白1扳无趣，至黑4点，白棋被动。

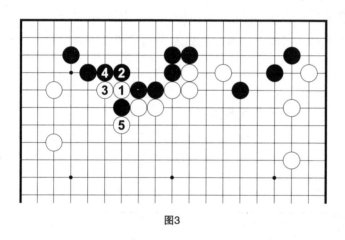

图3

图3　正确下法。白1断是好棋，若黑2、4底打妥协，至白5打封锁，白棋满意。

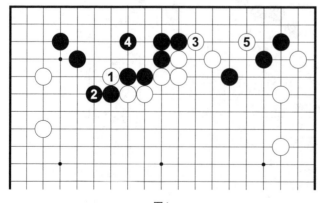

图4

图4　变化图。若黑2长出，白3挡便成先手，至白5小飞就地生根，黑棋右边角上三子不活，白棋好。

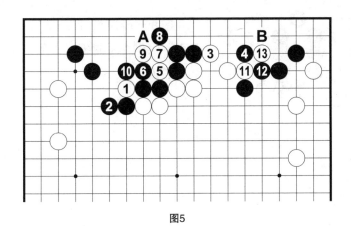

图5

图5 无理。黑4点过分，白5断严厉，黑6至10顽强抵抗，白11、13冲断巧妙，A、B两点见合，白棋必得其一，黑棋不好。

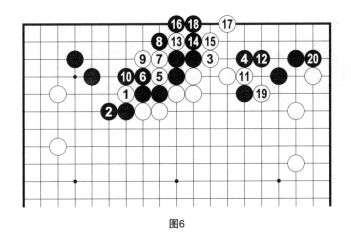

图6

图6 若黑12退，白13至19巧妙利用黑棋的断点先手将黑棋封锁，白棋大好。

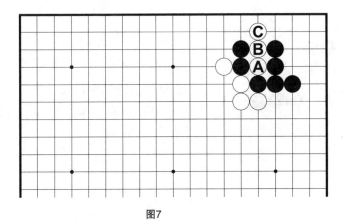

图7

图7 基本型。黑先，如何高效率地吃掉白棋三子，并尝试争取先手？

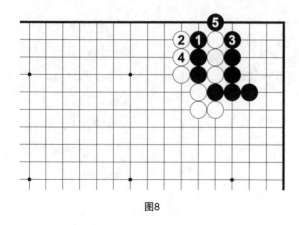

图8

**图8** 错误变化。黑1挡随手，白棋先手封锁黑棋取外势，黑棋不满。

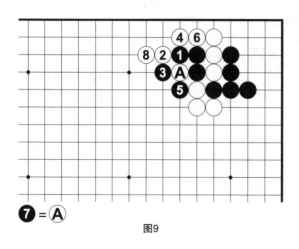

**7** = **A**

图9

**图9** 俗手。黑1拐错误，白2连扳将黑棋打成愚形，黑棋苦战。

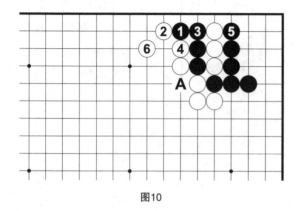

图10

**图10** 正确下法。黑1小尖正着，至白6虎，白棋需要后手补断，黑棋不仅先手吃掉三子，以后A位的断点还留有借用。

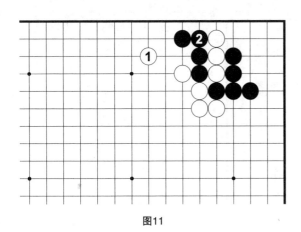

图11

图11　变化图。白1单飞是争先的妙手，但是外围整体略薄，黑棋成功。

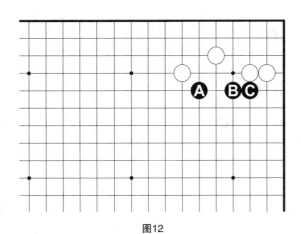

图12

图12　基本型。黑先，如何高效率加强自己三子并且定型？

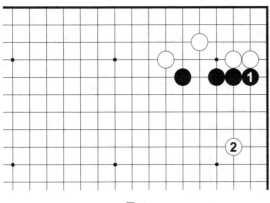

图13

图13　错误变化。黑1挡错误，白2可以不予理会，黑棋为难。

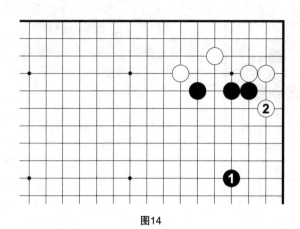

图14

图14 无趣。黑棋落空。

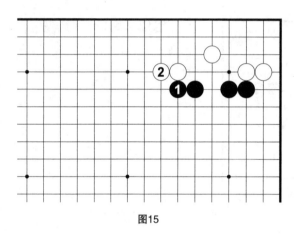

图15

图15 俗手，黑1压帮助白棋围空，且自身依然不活。

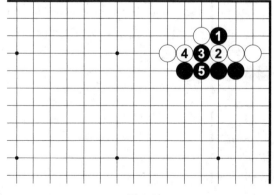

图16

图16 正确下法。黑1跨断是好棋，给白棋制造出两个明显的弱点，围棋中也有"逢飞须跨"的思路可以参考。

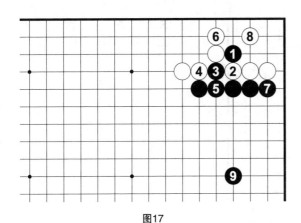

图17

图17　后续变化，黑1跨正着，至白8基本定型，黑9争取到先手抢占开拆，黑棋成功。

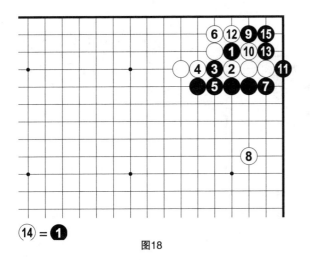

⑭＝❶

图18

图18　角上弱点，黑9小尖是局部手筋，利用"滚打包收"的手段抢占白角并获得眼位，白棋实地损失巨大。

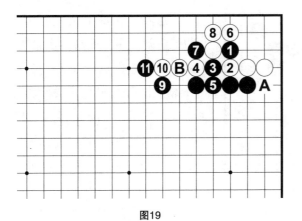

图19

图19　边上弱点，如果白6选择吃角防止黑棋在A位先手挡，那么B位却成了软头，黑9、11跳扳封锁，白棋因气紧不敢冲出战斗，黑棋成功。

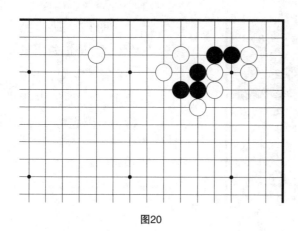

图20

图20　基本型。黑先，如何高效率治孤？

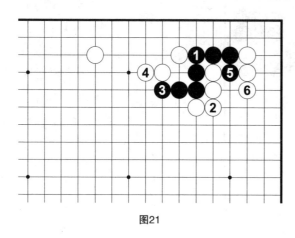

图21

图21　错误变化。黑1粘随手，白2补棋是本手，黑棋十分被动。

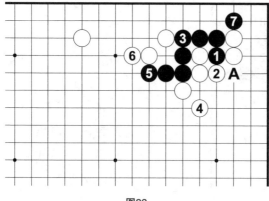

图22

图22　正确下法。黑1先冲是正确次序，先给白棋制造出一个断点，后续黑7扳就充分体现出了A位断的重要性。

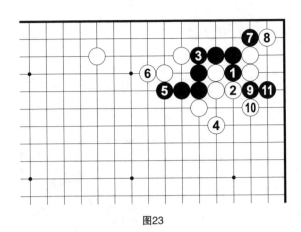

图23

图23 后续变化，白棋难办。

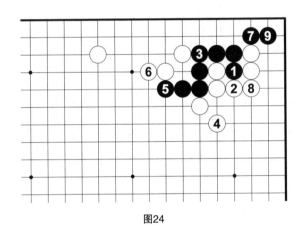

图24

图24 白8粘本手，至黑9长活角，黑棋成功。

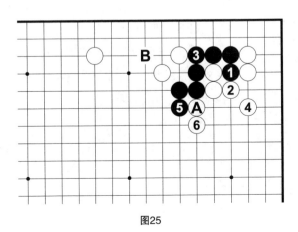

图25

图25 白4若虎，A位软头，黑5拐后白6只好退，以后黑棋还留有B位后续手段。

## 第二节　反击的思路

对局中面对无理棋，一味的退让只会让自己的形势变得非常被动，要学会找到对方棋形的弱点并合理地进行反击。

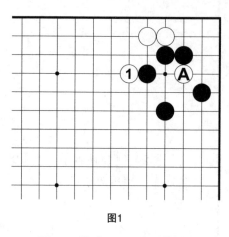

图1

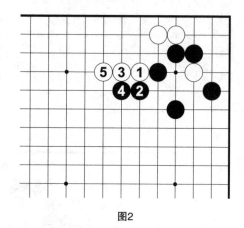

图2

**图1** 基本型。白1靠出，看似是非常紧凑的下法，在治理上面两颗白子之外，还要强调A位一子的作用，那么面对白棋如此强硬手段，黑棋要如何应对呢？

**图2** 错误变化。黑2、4扳压有俗手的嫌疑，白3、5跟着黑棋长出就好，黑棋在帮助白棋围空，白棋满意。

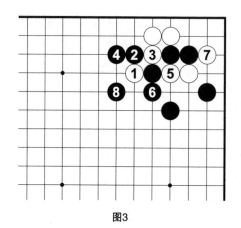

图3

**图3** 变化图。若黑2扳断反击，白3、5可以简明断打吃角，至黑8形成转换，局部黑棋比白棋多花两手棋，白棋满意。

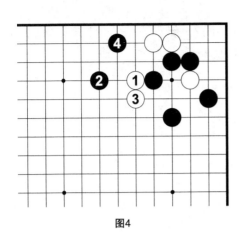

图4

图4 正确下法。黑2一间高夹是正确的反击手段，白3长出头，黑4飞点是棋形要点，不仅强调要分断白棋，还有效地搜刮掉了白棋的根据地，使白棋成为一块孤棋。

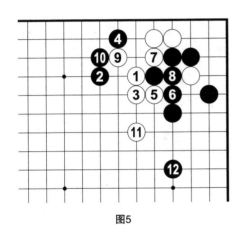

图5

图5 后续变化。白5、7、9被迫用俗手争先补断，至黑12大跳，一边攻击白棋一边围空，黑棋成功。

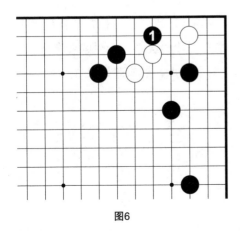

图6

图6 基本型。黑1托，搜刮白棋根据地，角上三子看起来十分被动，但仔细观察你会发现，黑棋的棋形结构也有弱点，那么面对黑棋如此严厉的手段，白棋要如何反击？

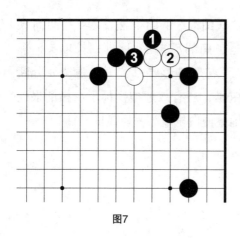

图7

**图7** 错误下法。白2退太缓，形成孤棋。

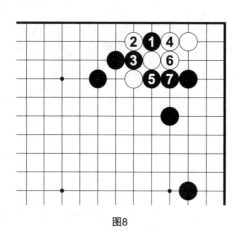

图8

**图8** 转换，白2扳吃，黑3、5断打取势，显然白棋不满。

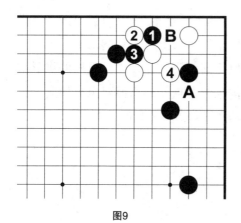

图9

**图9** 正确下法。白2、4扳后虎顶是非常巧妙的次序，同时瞄着黑棋A、B位两个弱点，黑棋难以兼顾。

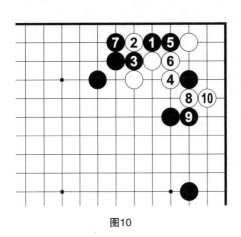

图10

图10　后续变化。黑5若顶住，白6、8团后争先手扳吃黑棋角上一子，黑棋实地大损，白棋好。

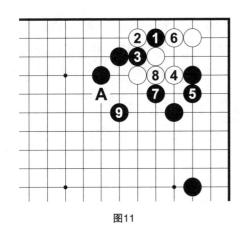

图11

图11　后续变化。黑5若退，白6厚厚实实地吃住边上一子，保证局部活棋，至黑9定型，白棋以后留有A位跨的手段，黑棋外围还有缺陷，白棋成功。

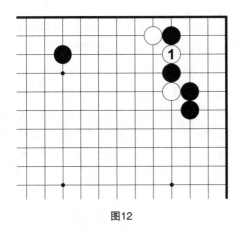

图12

图12　基本型。白1挖，要求高效率整理棋形治孤，面对白棋如此强硬的手段，黑棋应该如何应对？

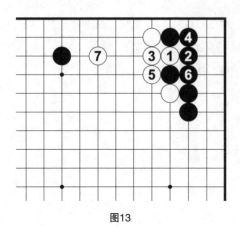

图13

**图13** 错误下法。黑2挡是缓手，白3、5粘打争先手开拆，这毫无疑问是白棋的理想图，黑棋不满。

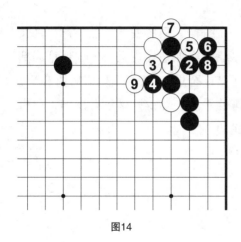

图14

**图14** 依旧不满，黑4冲出，白5、7先手吃一子活棋，并且后续面对白9扳头黑棋难以反击。

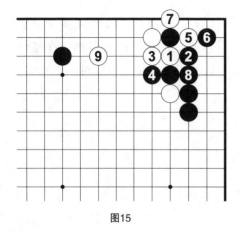

图15

**图15** 黑8粘保留硬头，白9拆二轻松活棋，黑棋完全没有收获。

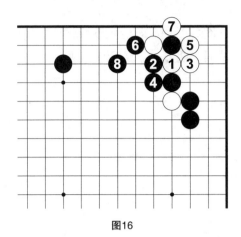

图16

**图16** 正确下法。黑2反打弃子取势，局部虽让白棋活棋，但黑棋整体配合不错，黑8虎补不是必然，对局中也可以考虑脱先。

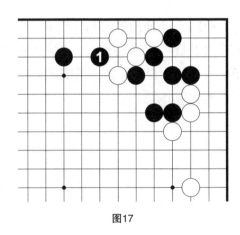

图17

**图17** 基本型。黑1点严厉，破坏白棋眼位的同时，还要将白棋点成愚形，让白棋棋形变重。那么白棋应该如何应对呢?

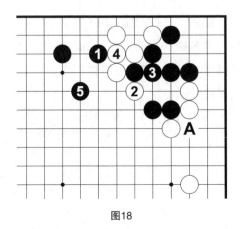

图18

**图18** 错误下法。白2先打将黑棋打成愚形，黑3粘住。白4单粘明显随手，黑5飞起后，白棋棋形变重，局部不活，黑棋A位还有借用，白棋被动。

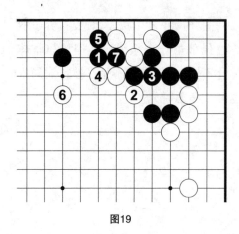

图19

图19 白4压，弃子思路正确，但棋形弱点明显，不是最佳下法。

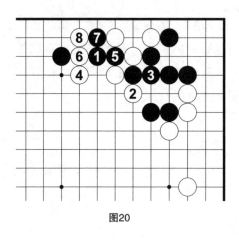

图20

图20 正确下法。白4反点是巧妙的反击手筋，黑5若还断吃，白6、8冲下形成转换，黑棋左边一子变成了残子，显然白棋好。

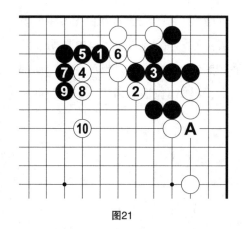

图21

图21 变化图。黑5粘本手，白6、8粘长顺势出头，至白10跳，黑棋A位断的借用很难再对白棋产生威胁，白棋成功。

## 第三节　治孤、腾挪

对局中孤棋难免会对自己造成负面影响，在处理孤棋时，一味地去思考如何将自己的棋子全部救出，有时反而会让自己变得更加危险，在这样的情况下，腾挪也是一种不错的选择。

腾挪的手段往往不拘泥于局部几个子的得失，要以治孤、转换、止损等多重目的将自己的棋灵活处理好。

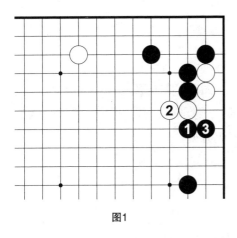

图1

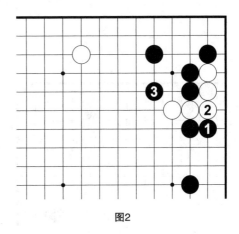

图2

图1　基本型。黑1、3夹完下立是紧凑的进攻手段，接下来白棋应该如何应对呢？

图2　错误下法。白2粘虽救回两子，但棋形变重并且没有眼位，黑3跳是好形，加厚自己的同时，继续对白棋展开进攻，白棋难下。

图3　更加被动，白2、4交换是俗手，自身并无收获，反而帮黑棋加厚，至黑7飞起，白棋依然受攻。

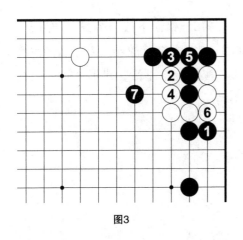

图3

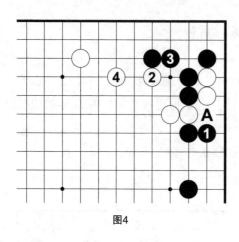

图4

**图4** 正确下法。白2碰是棋形要点，黑3退回本手，白4跳简明联络，黑A位断吃两子已然无趣。围棋中也有"逢危须弃"的口诀。

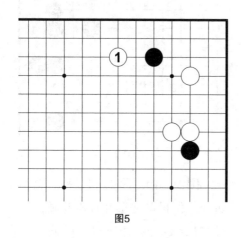

图5

**图5** 基本型。面对白1夹攻，黑棋一子势单力薄，接下来黑棋应该如何应对呢？

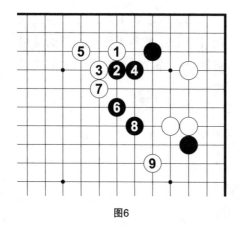

图6

**图6** 错误下法。黑2靠压略俗，白3、5扳虎继续攻击黑棋，至白9跳飞，黑棋局部不活，棋形太重，黑棋不满。

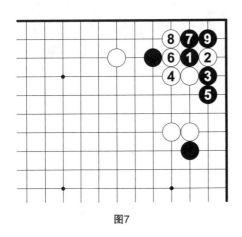

图7

图7 正确下法。黑2、4托断是漂亮的腾挪手段，白4长简明，至黑9弃子腾挪活角，黑棋成功。

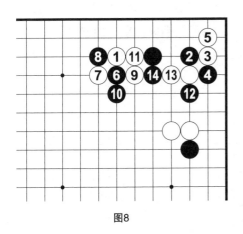

图8

图8 变化图。面对黑4扭断，白5下立也是一种下法，之后黑6再靠压出头是正确的行棋步调，白7扳随手，黑8断是手筋，若白9、11强行吃出，黑12打吃可以利用白棋左边的棋形缺陷，从黑14位冲出，白棋两边难以兼顾，黑棋好。

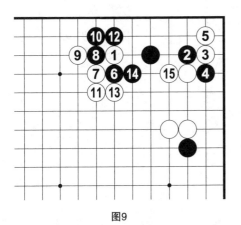

图9

图9 若白9弃掉一子妥协，至白15局部黑棋先手做活，黑棋满意。

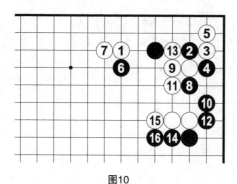

图10

图10　若白7退，黑8、10可以再从右边打吃渡过形成转换，基本两分。

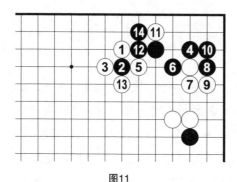

图11

图11　变化图。若黑2、4先压再托，白5可直接打吃黑2一子，即便黑6、8可以进角做活，但因为黑2与白3的交换黑棋损失惨重，白棋可下。

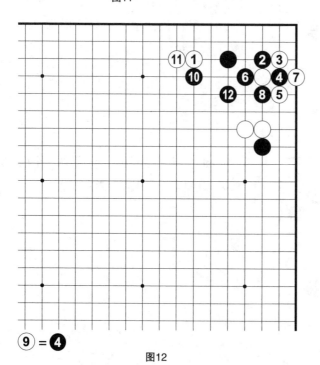

⑨ = ❹

图12

图12　若白5直接吃掉一子，黑6、8打吃皆为先手便宜，随后再下黑10靠压出头，白11退是本手，黑12双虎，黑棋成功。

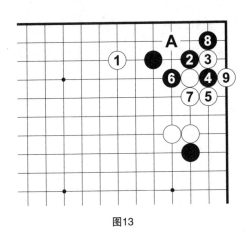

图13

图13 若白7粘，黑8先手打吃后，可以在A位做眼活棋，也可以考虑脱先，黑棋满意。

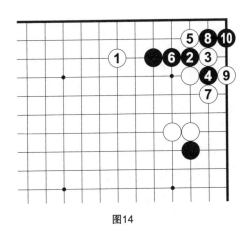

图14

图14 白5底打，黑6粘至10立，局部黑棋活棋不成问题，黑棋可以接受。

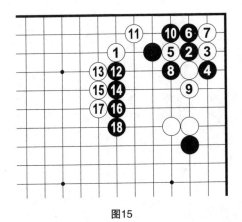

图15

图15 面对黑4扭断，白5挖打也是一种选择，黑8、10简明吃掉一子，后再从黑12位靠压出头，至黑18长出，双方可下。

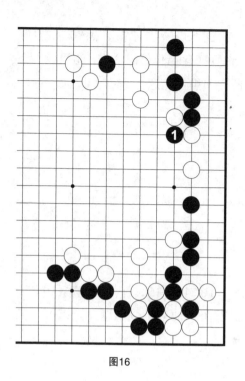

图16

**图16** 基本型。黑1断看似严厉，白棋整体略薄，那么接下来白棋应该如何应对？

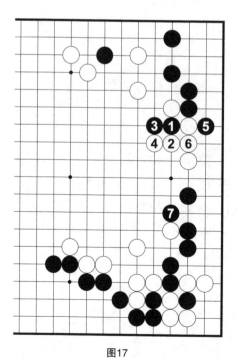

图17

**图17** 错误下法。白2打吃是俗手，至黑7扳出，白棋不满。

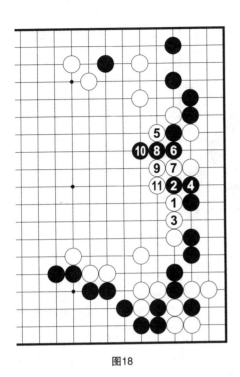

图18

图18 正确下法。白1先靠压是正确的行棋步调，若黑2扳出后，白5、7是漂亮的手筋，黑棋两难，至白11拐住，黑棋失败。

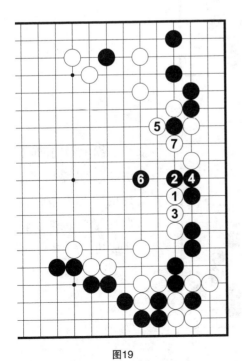

图19

图19 后续下法，黑6跳出是本手，白7简明吃掉一子，白棋满意。

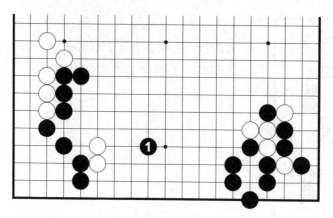

图20

图20　基本型。黑1夹攻，白棋左边两子十分危险，接下来白棋应该如何处理？

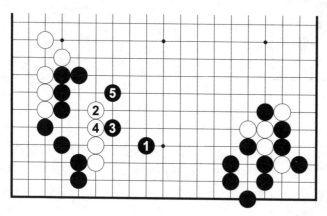

图21

图21　错误下法。白2若单纯跳出逃跑，黑3、5进攻手段严厉，白棋危险。

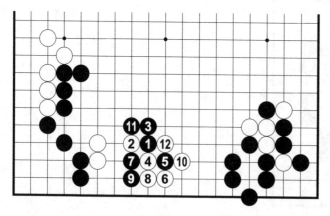

图22

图22　正确下法。白2碰是局部正确的腾挪手段，至白12形成转换，白棋成功。

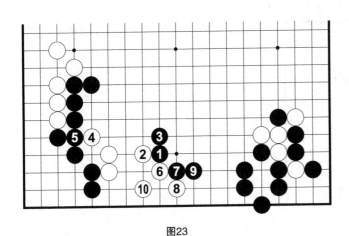

图23

图２３ 变化图。若黑9长，白10双虎轻松做活，白棋满意。

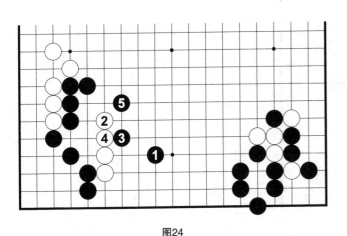

图24

图24 白2跳错误，黑3、5刺后跳出罩住白棋，白棋危险。

## 第四节 弃子技巧

"弃子争先、逢危须弃"，这是《围棋十诀》中告诉我们的行棋思路口诀。在对局中，有时巧妙地弃子所带来的收益甚至高于去吃掉对手的棋子。当然，也不能盲目地弃子，在弃子之前一定要先做好准确的价值判断。

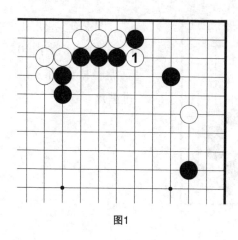

图1

图1　基本型。面对白1断，黑棋应该如何应对？

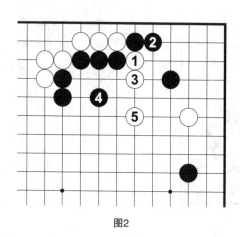

图2

图2　错误下法。白1退勉强，白3长出后，黑4只好跳方补断，白5跳出头，黑棋不满。

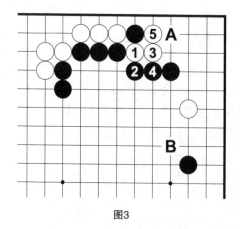

图3

图3　变化图。白1打吃弃子，黑2长出，白3粘随手，黑4拐吃后，黑A、B两点难以两全，黑棋不满。

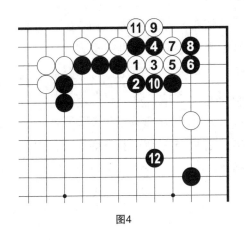

图4

图4 正确下法。白3爬是正确的弃子手筋，虽然多弃一子，但至白9打可以先手获取外势，至白11高效率吃掉白棋一子，黑棋成功。

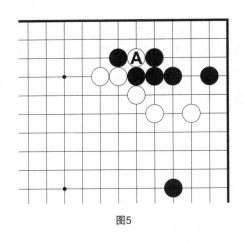

图5

图5 基本型。白棋应如何利用A位一子弃子整形？

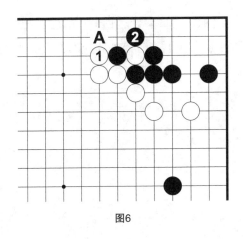

图6

图6 错误下法。拐打随手，黑2单提，后续A位扳虎价值不小，对白棋而言再补一手有些不肯，不补的话，被黑棋扳到又明显局促，白棋不满。

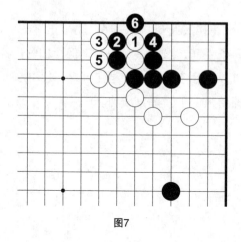

图7

**图7** 正确下法。白1立下是巧妙的弃子手筋，围棋中也有"多弃一子，方可弃"的说法，意思是有时利用多弃一子延气整形或者封锁，会给自己带来更大的收益。黑2挡是随手棋，白3、5夹打先手获得外势，白棋满意。

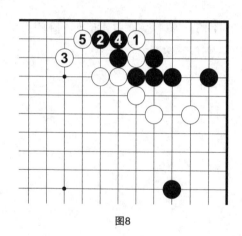

图8

**图8** 变化图。黑2小尖是局部正确应法，白3小飞轻灵争先手，黑4团吃是本手，白5尖顶可走可不走，白棋弃子整形成功。

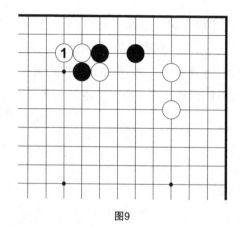

图9

**图9** 基本型。白1长出看似严厉，黑棋接下来应该如何应对？

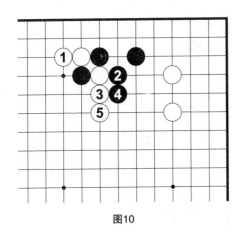

图10

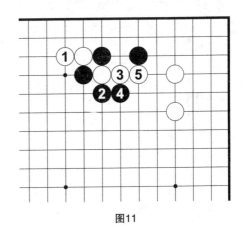

图11

图10 错误下法。黑2打吃是俗手，白1长出后，黑棋苦战。

图11 损失惨重。黑2打吃依然是俗手。围棋中也有"两打同情不打"的谚语，意思是两边打吃情况相同，不论打吃在哪一边都会伤及另一边，所以不论打吃哪一边都是俗手。

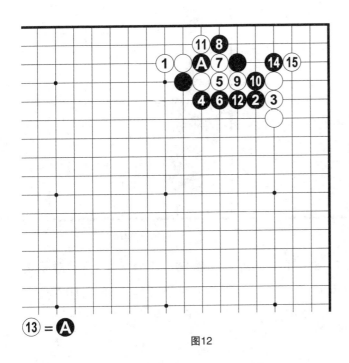

⑬ = Ⓐ

图12

图12 正确下法。黑2飞点，白3粘住，黑4再打吃是正确的次序，也是巧妙的弃子手筋，黑4至11无奈只好吃掉一子，黑棋使用滚打包收的手段，先手弃子取势，黑棋成功。

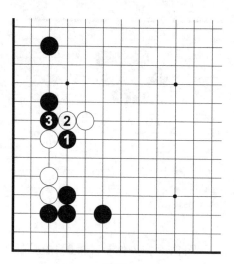

图13

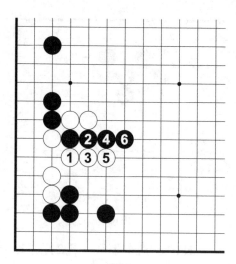

图14

图13　基本型。黑1、3跨断看
似严厉，白棋接下来应该如何应对
呢？

图14　错误下法。白1打吃俗
手，至黑6长出，白棋苦战。

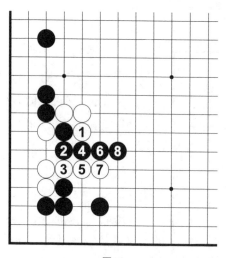

图15

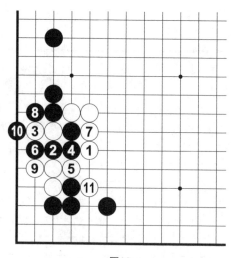

图16

图15　大同小异。白1、3拐打
看似步调不错，但至黑8长出后，
白棋两块棋被分断，依然十分被
动。

图16　正确下法。白1跳是正
确的弃子手筋，黑2至黑10不得不
吃，至白11虎成功弃子取势。

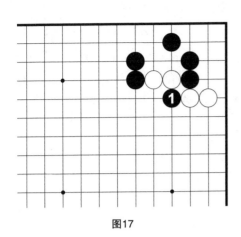

图17

**图17** 基本型。黑1断看似凶猛，实则鲁莽，白棋应该如何利用弃子的手段加强自己？

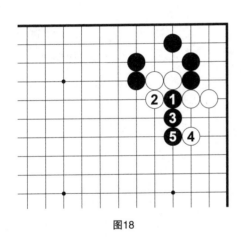

图18

**图18** 错误下法。白2拐打是俗手，黑3、5顺势长出，白棋被分断成两块孤棋，难以两全。

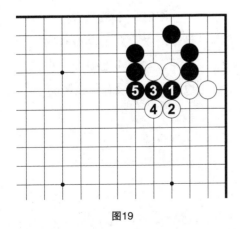

图19

**图19** 白2、4一路打吃，简明弃子，白棋可以接受，但不是最佳下法。

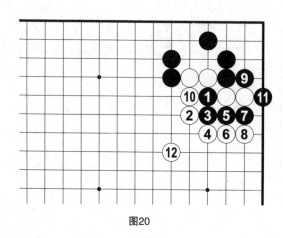

图20

**图20** 正确下法。白2跳枷是巧妙的弃子手筋，与图9相比，白棋明显厚实很多，弃子成功。

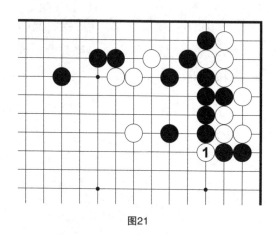

图21

**图21** 基本型。白1断略显无理，黑棋应该如何应对？

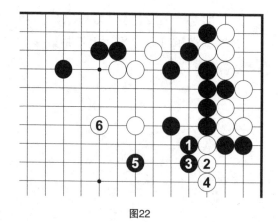

图22

**图22** 错误下法。黑1上打是俗手，弃子弃得有些过于生硬，右边实地损失不小，左边对白棋又没有什么影响。

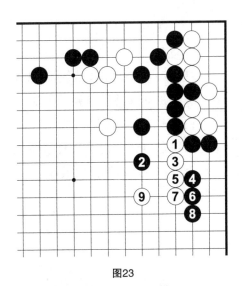

图23

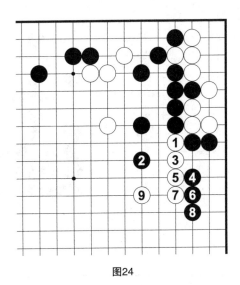

图24

**图23** 变化图。黑2跳，白3长出，黑4随后跳出不肯弃掉右边两子，至白9镇，形成乱战，黑棋不是最佳下法。

**图24** 还有断点。黑1飞枷看似是棋形要点，但定型后黑棋还欠着一个断点，不能满意。

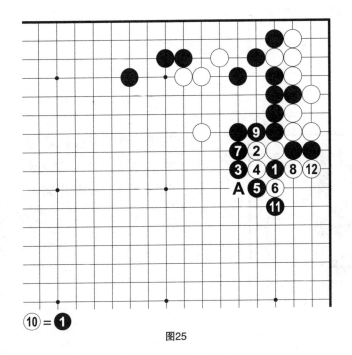

⑩ = ❶

图25

**图25** 略显不满。黑1、3打后跳枷封锁，滚打包收取得外势，但是外围依然欠有断点，总觉得还是差了一点。

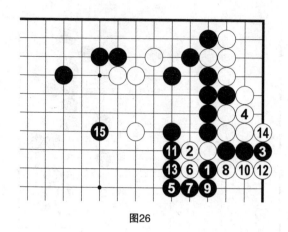

图26

图26　正确下法。黑1打吃，白2长，黑3立先手延出一气是冷静的好棋，紧跟着黑5飞枷是局部巧妙的弃子手筋，白6只好冲吃黑棋右边三子，黑棋通过弃子先手获取厚势，至黑15攻击白棋，白棋危险。

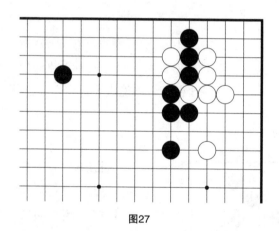

图27

图27　基本型。黑棋上边三子明显危险，但若是执意救出，难免被压制低位，不见得便宜，此时就要考虑弃子的思路了。

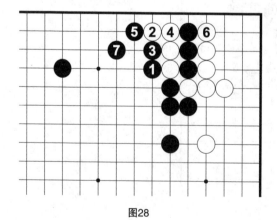

图28

图28　错误下法。黑1扳弃子略显生硬，白2小尖是好棋，黑棋落下后手些许不满。

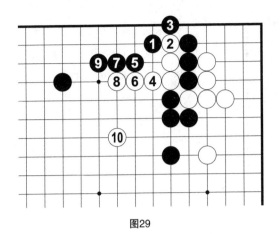

图29

**图29** 错误下法。黑1跳，白2冲，黑3渡过虽然可以救出三子，但白6至10出头后形成战斗，黑棋收获不大。

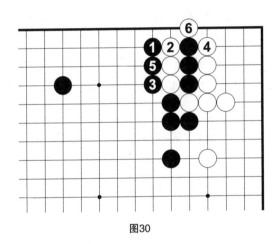

图30

**图30** 正确下法。黑1跳，白2冲，黑3再扳住弃子是正确的行棋次序，先手弃子取势，黑棋成功。

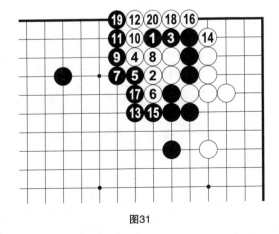

图31

**图31** 变化图。若白2弯出，黑3粘紧凑，白4小尖希望将黑棋压在二路，黑5挤是妙手，白棋因为气紧只能在6位拐出，黑7退不给白棋借用又是漂亮的一手，白8粘住，黑9拐下弃子，至白20虽然白棋吃掉黑棋五子，但黑棋通过弃子先手获得了一道巨厚的外势，黑棋大好。

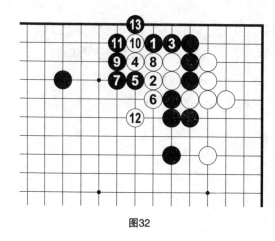

图32

图32　若白12小尖不肯被黑棋封锁，黑13可简单渡过，与图3相比白棋棋形明显不好，黑棋满意。

## 第五节　出头的方法

"出头"通常分为两种情况。第一种是在局部不活的情况下，突破对方的包围，从而寻求出路。第二种是为了防止对方形成外势，从而扩张模样。

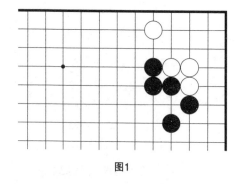

图1

图1　基本型。白棋如何出头？

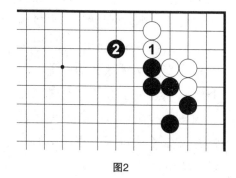

图2

图2　错误下法。白1顶随手棋，黑2飞罩，白棋失败。

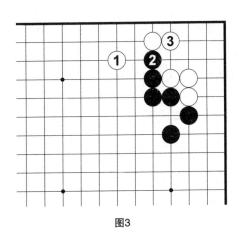

图3

图3 正确下法。白1飞是正确的出头手段，黑2顶，白3长，黑棋无法分断白棋，白棋成功。

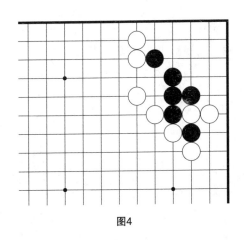

图4

图4 基本型。黑棋应该如何出头？

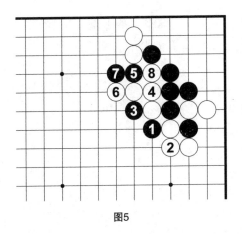

图5

图5 错误下法。黑1断先手借用，白2粘本手，黑3打吃是俗手，次序错误，白4、6粘住后长出，若黑7冲，白8断，黑棋危险。

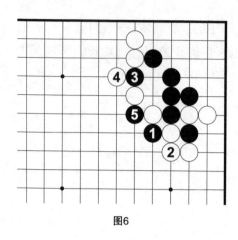

图6

**图6** 正确下法。白2粘时，黑3先挖是正确次序，若白4挡，黑5打吃形成倒扑，黑棋成功出头。

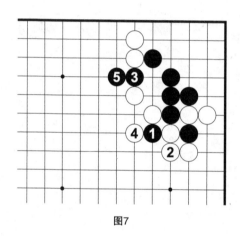

图7

**图7** 变化图。黑3挖时，白4打是本手，黑5长出头，黑棋成功。

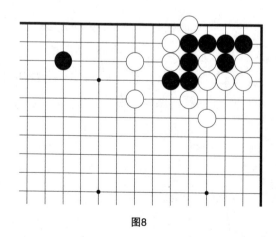

图8

**图8** 基本型。应该如何出头救出角上黑子？

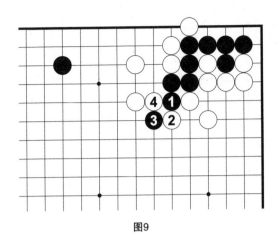

图9

图9 错误下法。黑1拐随手，白2、4扳断，黑棋被吃。

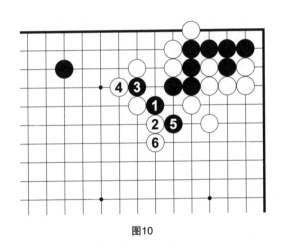

图10

图10 错误下法。黑1、3、5尖顶后挖扳出头，看似巧妙，但白6退是冷静的好棋，黑棋依然十分危险。

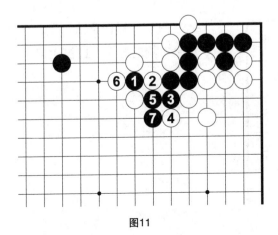

图11

图11 正确下法。黑1挖是正确的出头手筋，若白2挖打，黑3、5、7顺势拐出，黑棋成功。

161

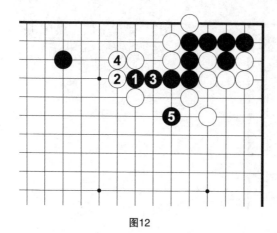

图12

图12　变化图。若白2外打，黑3粘是先手，白4粘补断，黑5随后跳出，黑棋成功。

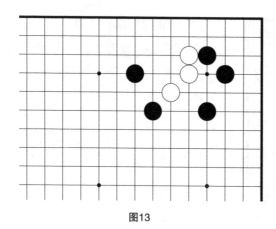

图13

图13　基本型。白棋局部三子不活，就地做活又感觉略显不满，白棋应如何出头？

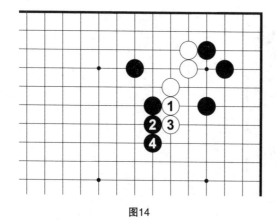

图14

图14　错误下法。黑2、4退是冷静的好棋，白棋无趣。

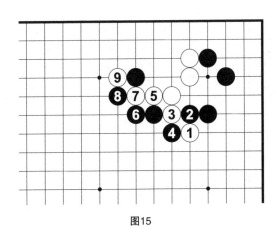

图15

**图15** 正确下法。白1飞是正确的出头手段，黑2若敢直接冲断，至白9断，黑棋大损。

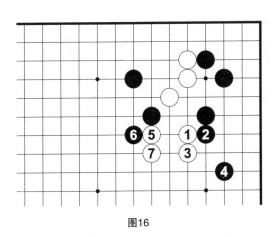

图16

**图16** 变化图。白1飞出，黑2爬是本手，至白7长成功出头。

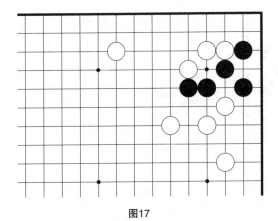

图17

**图17** 基本型。黑棋应该如何出头？

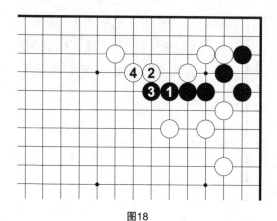

图18

图18　错误下法。黑1长步伐缓慢，白2、4顺势守空，黑棋不是最佳下法。

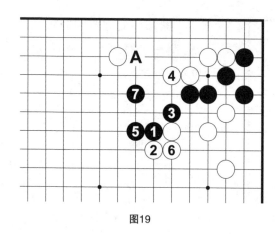

图19

图19　正确下法。黑1靠是出头的妙手，白2扳，黑3反扳，白4长是本手，黑5长出，白6补断，黑7跳成功出头，将来还有A位碰的后续手段，黑棋成功。

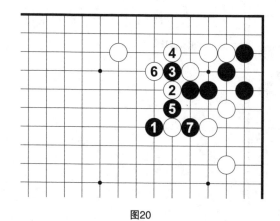

图20

图20　变化图。若白2扳反击，黑3断是好棋，白4只好底打补棋，黑5、7反打挖出，显然黑棋好。

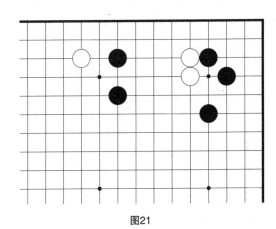

图21

图21 基本型。局部白棋右边两子没有明确眼位，就地做活困难，白棋要如何出头?

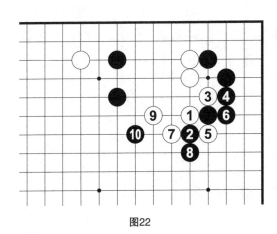

图22

图22 错误下法。白1、3、5明显俗手，帮助黑棋加厚围空，并且局部眼形较差，白棋不好。

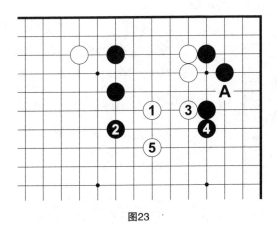

图23

图23 变化图。白1象步是正确的出头手段，黑2跳是本手，至白5跳虽然成功出头，但白3靠压是俗手，不仅在帮黑棋围空，还帮黑棋补住了A位跨的弱点，白棋不是最佳下法。

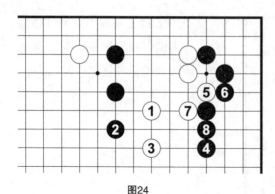

图24

图24　正确下法。黑2跳时，白3单跳是简明的好棋，黑4小跳补棋是本手，白5、7顶虎先手补棋，白棋成功。

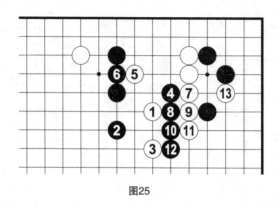

图25

图25　变化图。若黑4穿象眼，白5先手飞刺是好棋，随后白7冲出，黑8若还继续长，至白13跨断，黑棋大亏。

## 第六节　联络技巧

　　联络的意思就是将两块棋连接成一个整体，看起来很简单，但是如何才能够做到更高效率的联络，才是我们应该学习的课题。

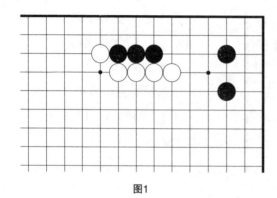

图1

图1　基本型。黑先，如何将左边三子与角上两子巧妙联络？

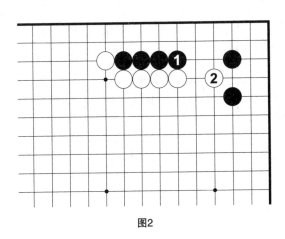

图2

**图2** 错误下法。黑1爬无趣，白2跳点后黑棋弱点明显。

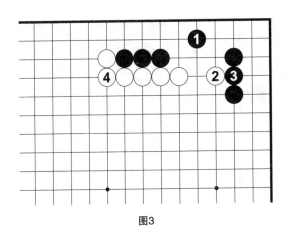

图3

**图3** 正确下法。黑1飞是简明的联络手筋，白2、黑3交换收获不大，黑棋完整联络后，白棋还需后手补断。

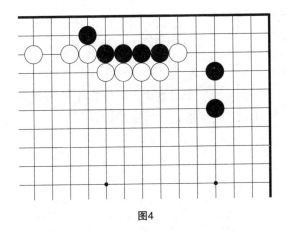

图4

**图4** 基本型。黑棋如何将左边五子巧妙联络？

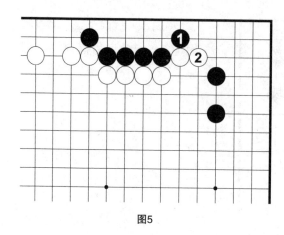

图5

**图5** 错误下法。黑1扳明显是随手棋，白2顺势穿象眼，黑棋虽然可以活棋，但是角上实地损失明显，黑棋亏。

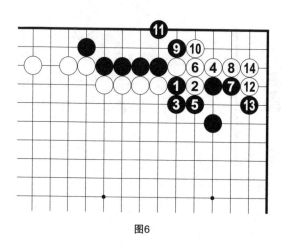

图6

**图6** 变化图。黑1断看似严厉，但白2、4打扳后可以在角上轻松做活，黑棋不满。

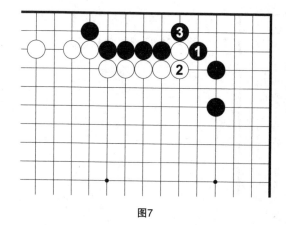

图7

**图7** 正确下法。黑1小尖是正确的联络手断，白2粘是本手，黑3渡过不仅接回了左边五子，还守住了边角的实地，黑棋成功。

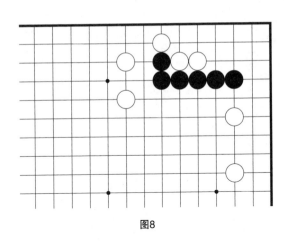

图8

**图8** 基本型。白棋如何高效率将三子联络?

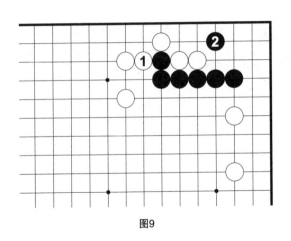

图9

**图9** 错误下法。白1顶虽然可以保证联络,但是黑2跳后,角上局部净活,白棋并无好的后续手段,白棋不是最佳下法。

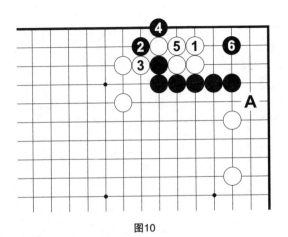

图10

**图10** 正确下法。白1弯虎是正确的联络手筋,既可保证连接,又限制了黑棋的眼位,将来A位小尖黑棋局部还未活净,白棋成功。

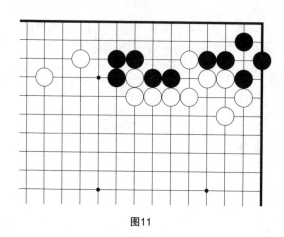

图11

**图11** 基本型。黑棋应该如何联络？

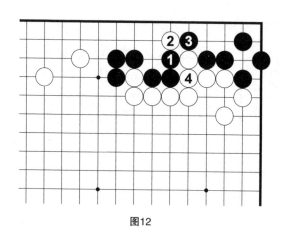

图12

**图12** 错误下法。黑1贴愚形，白2连扳是好棋，黑3断打，白4粘，利用黑棋气紧的问题，将黑棋成功分断，黑棋大亏。

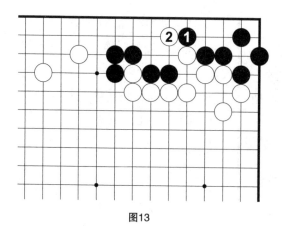

图13

**图13** 错误下法。白2连扳是要点，黑棋依然不行。

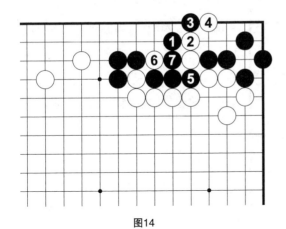

图14

图14　正确下法。黑1跳是正确的联络手段，围棋中也有"敌之要点即我之要点"的思路，对手的重要选点，可能也是自己的重要选点。接着白2冲，黑3扳是巧妙的联络手筋，若白4扳下来，黑5断吃，白6断打时会发现黑7粘是先手，白棋因气紧问题被黑棋吃掉，白棋吃亏。

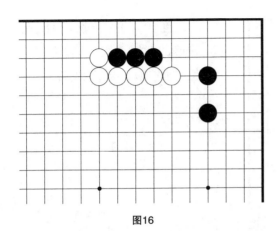

图15

图15　变化图。黑3扳时，若白4拐，黑5要团住，继续紧住白棋的气，防止白棋拐下，白6粘是本手，黑7渡过，黑棋成功。

图16　基本型。黑棋如何联络左边三子？

图16

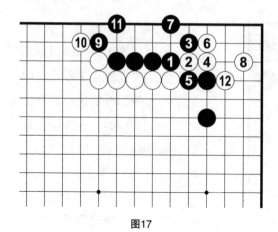

图17

图17　错误下法。黑1爬弱点明显，被白2扳断后黑棋边上四子只好苦活，但角上实地全部被白棋抢走，黑棋失败。

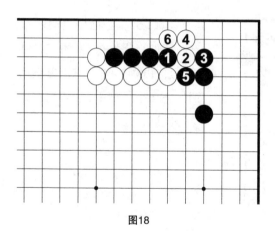

图18

图18　无理。黑3若直接断与白棋战斗显然不利，黑棋被吃，白棋好。

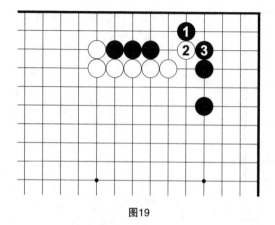

图19

图19　正确下法。黑1飞是正确的联络手段，白2尖顶，黑3挡住便可，黑棋成功。

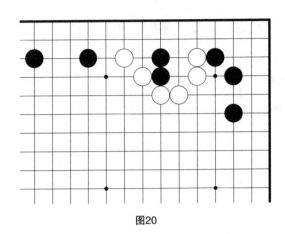

图20

图20　基本型。黑棋应该如何利用两边的配合救出两子？

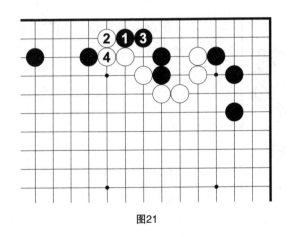

图21

图21　错误下法。黑1托时机不对，白2扳，黑3退，白4粘轻松分断黑棋，黑棋失败。

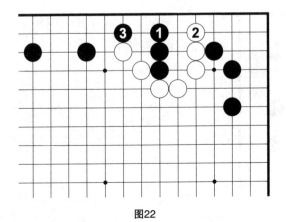

图22

图22　正确下法。黑1立是正确的联络手筋，白2、黑3两点见合，黑棋必得其一，黑棋成功。

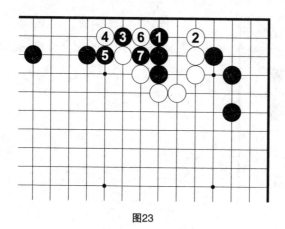

图23

**图23** 后续变化。白4扳无理，黑5、7断打白棋被吃。

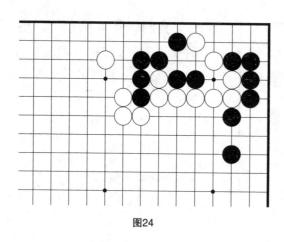

图24

**图24** 基本型。黑棋应该如何联络？

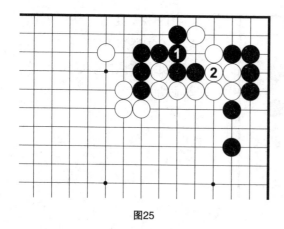

图25

**图25** 错误下法。黑1粘显然不是最佳下法，白2粘住，黑棋失败。

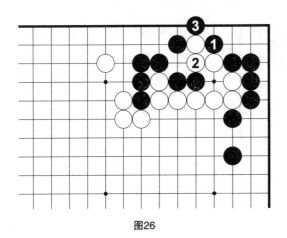

图26

图26　正确下法。黑1挤是正确的联络手段，白2粘是本手，黑3渡过，黑棋成功。

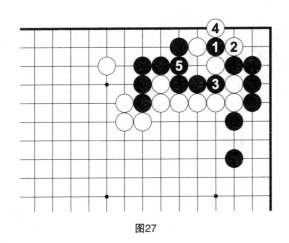

图27

图27　变化图。黑1挤时，若白2断打，黑3可以反打将白棋吃掉。

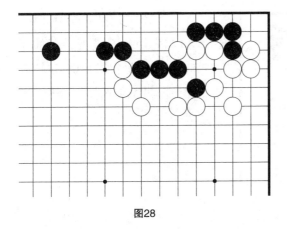

图28

图28　基本型。黑棋应该如何联络？

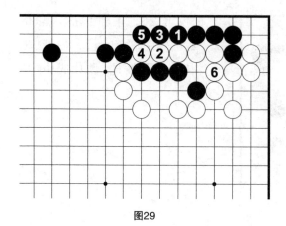

图29

图29　错误下法。黑1爬随手，虽然救回角上四子，但白2、4长断可以将黑棋上边四子吃掉，黑棋不满。

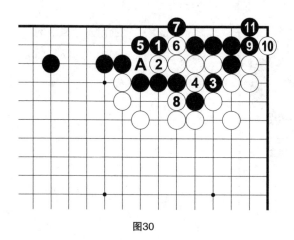

图30

图30　正确下法。黑1跳是正着，白2冲，黑3先扑后粘是正确的联络手段，若白2提掉，黑棋利用巧妙的次序先手紧住了白棋一子，这样白6冲时，黑7渡过便成了先手，白8只好提回，黑9拐角成功渡过。

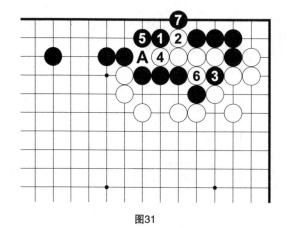

图31

图31　变化图。黑3扑时，若白4先冲，黑5退是冷静的好棋，白6只好提回补棋，黑7渡过，白棋A位不入气，黑棋成功。

## 第七节 防守反击

很多人在对局中偏爱进攻，不喜防守，导致自身容易出现缺陷，反而被对手击溃。在对局中防守也是非常重要的一个环节，如何在防守加强自己的同时还能够给予对方一定的威胁，是在选择防守手段时的重要思路。

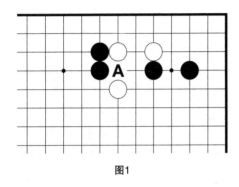

图1

**图1** 基本型。A位断是白棋局部明显的弱点，白棋要如何在防守补棋的同时，对黑棋构成威胁？

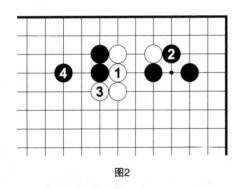

图2

**图2** 错误下法。白1粘是无趣的补棋手段，黑2挡住，白棋整体落空。

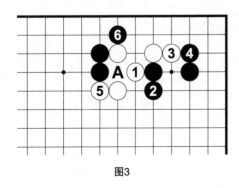

图3

**图3** 俗手。虽然白1虎看似棋形不错，但是被黑6扳倒后，棋形明显尴尬，A位后续手段严厉，白棋局促。

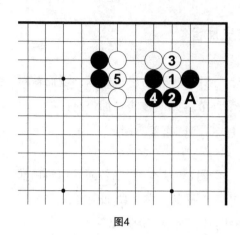

图4

**图4** 正确下法。白1挖是正确的防守手段，白棋在加强自己的同时，还给黑棋留下了A位的缺陷。

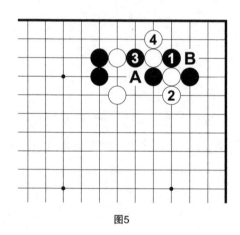

图5

**图5** 黑棋无理、黑1直接断打无理，白棋两边跑出，A、B见合，白棋大好。

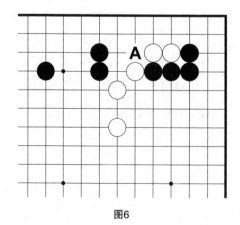

图6

**图6** 基本型。A位断是局部白棋的明显弱点，白棋要如何在补棋的同时威胁到黑棋？

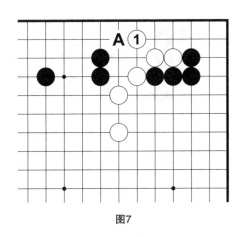

图7

图7 错误下法。虽然白1虎看似棋形不错，但后续欠有A位尖顶的手段，尖顶后还留有打劫的手段，白棋棋形并不完整。

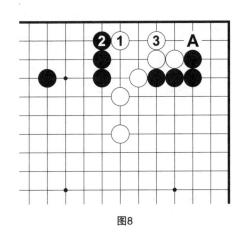

图8

图8 正确下法。白1飞是正确的补棋手段，黑2挡是本手，白3弯是愚形妙手，以后留下A位扳的手段，随时可做出先手一只眼，并间接危险到黑棋右边五子。

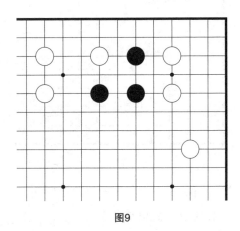

图9

图9 基本型。A位是局部黑棋的明显弱点，黑棋要如何防守？

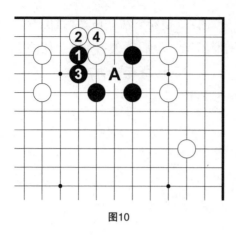

图10

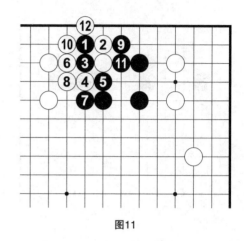

图11

图10　错误下法。黑1靠下无趣，白2、4扳粘简单，黑棋A位弱点依然在。

图11　正确下法。在这个棋形中，有一句谚语叫作"台象生根点胜托"，意思是黑1点的整形手段比在2位托更胜一筹，至白12黑棋先手整形，从孤棋转变成厚势。

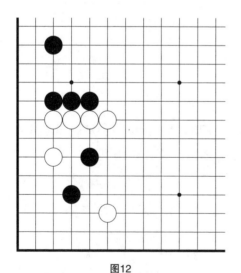

图12

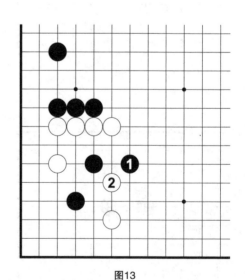

图13

图12　基本型。黑棋角上两子局部不活，黑棋应该如何处理？

图13　错误下法。黑1跳随手，白2跳点，黑棋难下。

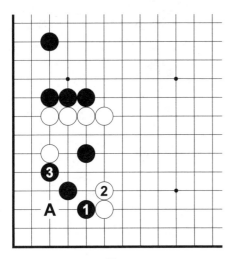

图14

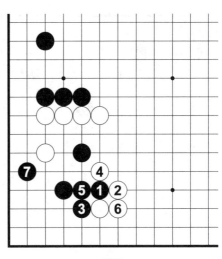

图15

图14　变化图。黑1、3尖顶不
是最佳下法，白棋还有A位点的后
续手段。

图15　正确下法。黑1、3靠压后
虎是正确的防守下法，白4、6打完
粘，黑7飞守角活棋，黑棋成功。

图16　基本型。白棋三
子被断十分危险，应该如何处
理？

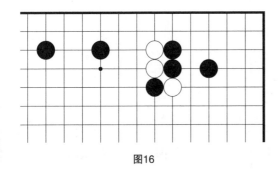

图16

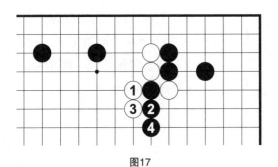

图17

图17　错误下法。白1、
3打贴是俗手，黑2、4顺势长
出，白棋不仅局部依然不活，
还在帮助黑棋扩张右边模样，
白棋亏。

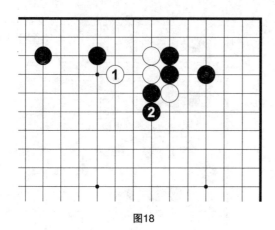

图18

图18　变化图。白1跳不够紧凑，黑2长出，白棋不是最佳下法。

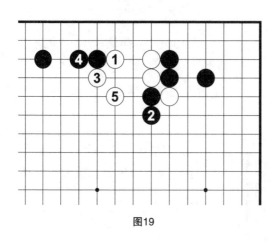

图19

图19　正确下法。白1碰是正确的防守下法，若黑2长，白3、5扳住后虎眼形丰富，白棋满意。

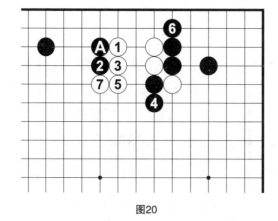

图20

图20　若黑2退，白3贴住紧凑，黑4是长本手，白5出头，黑6立下限制白棋眼位，白7拐二子头，以后黑棋A位两子因气紧问题会给白棋留下许多借用，白棋成功。